Claus Mikosch

Der kleine Buddha und die Sache mit der Liebe

*Das Buch*

Über das Glück hat der kleine Buddha auf seiner ersten Reise allerhand gelernt. Doch auf die Frage, wie ein Mann eine Frau finden könnte, weiß der kleine Buddha keine Antwort. Und so begibt er sich wieder auf die Reise. Unterwegs begegnet er Verliebten und Verzweifelten, solchen, die die Liebe gefunden, und anderen, die sie wieder verloren haben, der Verliebtheit und dem stillen Glück zu zweit, der Liebe zu den Kindern, zu sich selbst und zur ganzen Welt. Und allmählich begreift der kleine Buddha, dass Glück und Liebe zusammengehören. Ob er selbst am Ende das Glück der Liebe findet?

*Der Autor*

Claus Mikosch wurde Mitte der siebziger Jahre in Mönchengladbach geboren. Nach dem Abitur ist er eine Weile um die Welt gereist, bevor er in England Homöopathie studiert hat. Heute pendelt er als Fotograf, Autor und Filmemacher zwischen Deutschland und Spanien. Mit seinen Büchern über den kleinen sympathischen Buddha ist ihm ein außergewöhnlicher Erfolg gelungen.

Claus Mikosch

# Der kleine Buddha

und die Sache mit der Liebe

HERDER

FREIBURG · BASEL · WIEN

MIX
Papier aus verantwortungsvollen Quellen
FSC® C083411


ISBN 978-3-451-31234-2

www.herder.de

Einbandgestaltung: Christina Krutz Design
Einbandmotiv: © Gert Albrecht
Vignetten im Innenteil: www.shutterstock.com

Satz: Arnold & Domnick, Leipzig
Herstellung: CPI books GmbH, Leck

Printed in Germany

ISBN 978-3-451-03129-8

# Inhalt

# Die Sache mit der Liebe

Kräftige Sonnenstrahlen berührten seine Haut und eine wohltuende Wärme breitete sich in seinem ganzen Körper aus. Vom Kopf bis zu den Füßen, von den Händen bis hinein zu seinem Herzen. Er atmete tief und spürte, wie die Natur um ihn herum aus dem Winterschlaf erwachte, wie sich das Leben streckte und reckte. Die Äste tanzten im Wind, Vögel zwitscherten und ein herrlicher Duft füllte die frische Luft. Das ganze Land blühte auf.

Zwei Jahre waren vergangen, seit der kleine Buddha von seiner ersten Reise zurückgekehrt war. Gerne dachte er noch an all die verschiedenen Erlebnisse und an seine neu gewonnenen Freunde und manchmal stellte er sich vor, wie es wohl wäre, irgendwann erneut in die weite Welt hinauszuziehen. Doch Erinnerungen und Träume nahmen nur einen kleinen Platz in seinem Alltag ein – meistens lebte er vollkommen in der Gegenwart! Fast jeden Tag und jede Nacht saß er auf dem flachen Stein unter seinem großen alten Bodhi-Baum und meditierte; voller Leidenschaft widmete er seine Zeit der inneren Stille und beobachtete dabei die Einzigartigkeit eines jeden Moments.

Der kleine Buddha war rundum zufrieden mit seinem Leben, sogar zufriedener als je zuvor. Der Grund dafür lag darin, dass er nicht mehr ständig alleine war. Früher hatte er nur selten Besuch bekommen, von seinem alten Freund, dem Bauern.

Doch seit einiger Zeit tauchten immer öfter Fremde unter dem Bodhi-Baum auf. Sie reisten von weit her an, um ihn um Rat zu fragen – es hatte sich nämlich herumgesprochen, dass der kleine Buddha anderen helfen konnte, glücklich zu sein. Und tatsächlich: Mit einigen wenigen Worten schaffte er es fast jedes Mal, dass sich die Menschen besser fühlten. Er hörte jedem geduldig zu und versuchte, sich so gut es ging in die Lage der anderen Person hineinzuversetzen. Oft erzählte er auch eine der Geschichten, die er auf seiner Reise gehört hatte, und dann freute er sich immer, wenn die Geschichte ein Lächeln auf das Gesicht seines Besuchers zauberte.

Viele nannten ihn trotz seines jungen Alters einen weisen Mann und einige glaubten sogar, dass er besondere Kräfte besaß. Der kleine Buddha verstand allerdings nicht genau, was sie damit meinten – schließlich teilte er doch nur seine Erfahrungen und etwas Zeit mit ihnen. Er hatte keinen magischen Stab, mit dem er ihre Probleme hätte verschwinden lassen können. Und dennoch: Mittlerweile verging kaum eine Woche, ohne dass jemand auf der Suche nach dem Glück bei ihm vorbeikam.

Bisher hatte er immer eine passende Antwort auf die vielen Fragen gefunden, die die Menschen ihm brachten. Doch dann besuchte ihn eines Tages ein Mann, der noch viel trauriger aussah als alle anderen.

„Bitte, du musst mir helfen!“

Der kleine Buddha schaute ihn aufmerksam an. Der Mann saß gebeugt vor ihm, mit hängenden Schultern und seine Augen füllten sich langsam mit Tränen.

„Was ist denn los?"

„Ich finde keine Frau", schluchzte er.

„Aber wozu brauchst du denn eine Frau?", wunderte sich der kleine Buddha.

„Um wahre Liebe zu erfahren. Ohne Frau geht das nicht."

„Bist du dir da sicher? Du kannst doch auch deine Eltern lieben oder deine Nachbarn, die Vögel oder die Bäume."

„Ja, aber das ist nicht dasselbe. Um richtig zu lieben, brauche ich eine Frau."

Der Mann war völlig niedergeschlagen.

„Alle meine Freunde sind schon verheiratet, nur ich nicht", klagte er. „Ich möchte auch so gerne eine Frau haben, jemanden, mit dem ich alles teilen kann. Ich will nicht den Rest meines Lebens alleine verbringen. Bitte, hilf mir!"

Der kleine Buddha wusste nicht, was er sagen sollte. Die Sache mit der Liebe schien komplizierter zu sein, als er angenommen hatte.

„Ich habe leider keine Ahnung, wie ich dir helfen kann", sagte er nach einer Weile. „Mit Frauen und der Liebe habe ich bisher keinerlei Erfahrung gemacht."

„Aber irgendetwas musst du doch tun können. Ich bitte dich!"

Aus seiner Stimme klang Verzweiflung. Der Mann tat dem kleinen Buddha leid, doch wie sollte er ihm helfen, wenn er nicht einmal in der Lage war, das Problem richtig zu verstehen? Wie konnte er einen Rat über die Liebe geben, wenn er selbst gar nicht genau wusste, was wahre Liebe ist?

Eine Zeit lang saßen sie schweigend voreinander. Dann hatte der kleine Buddha plötzlich eine Idee.

„Vielleicht gibt es in der Tat etwas, das ich tun kann."

Sofort huschte ein Hoffnungsschimmer über das Gesicht des Mannes.

„Aber damit ich dir eine Antwort geben kann, musst du einige Monate warten und dann zurückkommen."

„Einige Monate? Wieso denn so lange?"

„Weil ich erst selbst herausfinden muss, was es mit der Liebe auf sich hat."

Der kleine Buddha war mal wieder neugierig geworden. Und es gab nur eine einzige Möglichkeit, seine Neugierde zu stillen: Er musste losziehen und höchst persönlich das Leben befragen! Für sich und für seinen traurigen Besucher wollte er entdecken, was Liebe bedeutet. Außerdem hoffte er, dass er lernen würde, wie man sie findet.

Schon am darauffolgenden Morgen nahm er seine Umhängetasche, die ihm einst der Bauer geschenkt hatte, packte etwas Proviant und eine Decke ein und verabschiedete sich von dem Bodhi-Baum. Er schloss kurz die Augen, atmete noch einmal tief durch und dann machte er sich zum zweiten Mal in seinem Leben auf die Reise.

Es war Frühling – der perfekte Moment für einen neuen Anfang.

# Der suchende Postbote

Links und rechts vom Weg erstreckten sich Wiesen und riesige Felder. Hier und da ein Hügel, ab und an ein paar Bäume, ansonsten nur blauer Himmel, so weit das Auge reichte. Die Landschaft war eigentlich recht gewöhnlich und doch war sie wunderschön.

Wenn man sich die Zeit nahm, genau hinzusehen, konnte man überall kleine Schätze entdecken. Zum Beispiel die ersten Blumen, die schüchtern ihre Köpfe durch die Erde steckten, um sich zu vergewissern, dass der Winter auch wirklich vorbei war. Oder wilde Hasen, die vergnügt miteinander spielten und über die Felder jagten. Oder einige winzige Schnecken, die so langsam unterwegs waren, dass man sich fragte, ob sie je irgendwo ankommen würden. Vielleicht wollten sie auch nirgendwo ankommen.

Ohne über ein Ziel nachzudenken, war der kleine Buddha einfach losgegangen. Er ließ sich treiben und fühlte sich genauso frei wie die Wolken, die ihn die ersten Stunden der Reise begleitet hatten. Hoch oben am Himmel hatte er sie schweben sehen – nun waren sie verschwunden und er fragte sich, wohin sie wohl geflogen waren.

Am späten Vormittag erreichte er eine größere Kreuzung. Schon beim letzten Mal war er hier vorbeigekommen. Geradeaus ging es in die große Stadt, aber dorthin wollte er dieses Mal nicht. Er blieb einen Moment stehen und schaute sich um. Während er noch darüber nachdachte, welche Richtung er einschlagen sollte, sah er auf einmal einen bunten Schmetterling, der fröhlich an ihm vorbeiflatterte. Der Schmetterling flog gen Süden – vielleicht war das ein Zeichen? Vielleicht auch nicht. Oder doch? Egal: Der kleine Buddha beschloss, ebenfalls in Richtung Süden zu gehen, und bog rechts ab.

Den restlichen Tag marschierte er der Sonne entgegen. Zweimal machte er Rast, um etwas zu essen und zu meditieren, unterbrach seine Reise jedoch nur kurz. Obwohl es schon lange her war, seit er so viel gelaufen war, fühlte er sich überhaupt nicht müde. Die Bewegung schien ihm zusätzliche Energie zu geben, warum sollte er also lange Pausen machen? Mit gleichmäßigem Atem ging er den Weg weiter und genoss jeden einzelnen Schritt.

Als es allmählich dunkel wurde, stieg er auf einen kleinen Berg, um zu sehen, wo er übernachten könnte. Nicht weit entfernt, in einem kleinen Tal, erblickte er zu seiner Freude ein Haus – dort würde er bestimmt Unterschlupf finden, dachte er zuversichtlich. Im letzten Tageslicht kletterte er den Berg hinunter und wenig später stand er vor einem großen Gebäude aus Holz.

Der kleine Buddha betrat die Veranda und klopfte an die Tür. Nichts rührte sich. Er versuchte es erneut, doch wieder bekam er keine Antwort. Dann hörte er auf einmal das Galoppieren eines Pferdes, das schnell näher kam. Er drehte sich um und erkannte in der Dämmerung die

Silhouette eines Reiters. Kurz darauf sprang ein Mann mittleren Alters vom Sattel ab, band das Pferd an einem Pfahl fest und ging seinem Besucher entgegen.

„Guten Abend!"

„Guten Abend!", erwiderte der kleine Buddha.

„Wie kann ich dir behilflich sein?"

„Ich bin auf der Reise und suche nach einem Ort, wo ich übernachten kann."

„Und du denkst, dass ich Platz für dich habe?" Der Mann warf dem kleinen Buddha einen misstrauischen Blick zu.

„Ja, das habe ich gehofft. Wenn nicht, ist es aber nicht schlimm, ich kann es auch woanders probieren."

„Und dein Pferd?", fragte der Mann.

„Ich habe kein Pferd."

„Wie willst du denn dann eine andere Unterkunft finden? Bis zum nächsten Haus dauert es zu Fuß fast zwei Stunden."

„Dann schlafe ich eben unter einem Baum. Das mache ich sonst auch immer."

Wieder schaute ihn der Mann skeptisch an, doch dann verzog sich sein ernstes Gesicht plötzlich zu einem freundlichen Lächeln.

„Bleib ruhig hier. Ich habe oft Leute zu Besuch, es gibt sogar ein extra Zimmer."

„Danke, das ist wirklich nett!"

Der Mann lächelte erneut und musterte den kleinen Buddha von Kopf bis Fuß.

„Kann es sein, dass wir uns schon einmal begegnet sind?“

Der kleine Buddha dachte einen Moment nach, dann fiel es ihm ein.

„Stimmt! Du bist der Postbote.“

Vor einigen Jahren hatte ihm der Postbote einmal einen Brief gebracht, im Halbdunkeln hatte er dessen Gesicht jedoch nicht sogleich erkannt. Der kleine Buddha freute sich darüber, dass er für die erste Nacht eine Unterkunft gefunden hatte.

Der Postbote wandte sich noch einmal zu seinem Pferd und ergriff einen großen, prall gefüllten Beutel.

„Sind das alles Briefe?“

„Ja.“

„Das müssen aber viele sein“, staunte der kleine Buddha.

„In der Tat. Die Leute haben sich halt viel zu erzählen.“

Der Postbote entzündete eine Öllampe, schloss die Tür auf und zusammen betraten sie das Haus. Als Erstes erblickte der kleine Buddha einen alten Sessel, der neben dem Eingang stand und wirklich sehr gemütlich aussah.

„Möchtest du einen Tee?“, fragte der Postbote.

„Das wäre großartig, danke!“

„Gut. Mach es dir bequem, ich bin gleich wieder da.“

Kaum war der Postbote in der Küche verschwunden, ließ sich der kleine Buddha auch schon in den Sessel fallen. Was war es doch für eine Erleichterung, nach dem langen Fußmarsch endlich nicht mehr stehen zu müssen!

Für einige Momente schloss er die Augen und genoss, wie sich sein ganzer Körper entspannte. Doch bald erwachte seine Neugier und er begann, sich im Raum umzuschauen.

Da standen noch zwei weitere Sessel, ein kleiner Schrank, ein Regal mit vielen Büchern und ein großer Schreibtisch. In der Ecke neben ihm befand sich ein Kamin und direkt vor ihm stand ein flacher Tisch. An der Wand hinter dem Schreibtisch hing eine große Landkarte und zwei Fenster reflektierten das schwache Licht der Lampe. Gerade begann er, die Landkarte genauer zu betrachten, da betrat der Postbote mit heiß dampfendem Tee den Raum.

Nachdem beide vorsichtig einen ersten Schluck genommen hatten, stellte der Postbote seine Tasse ab, leerte den Beutel auf dem Schreibtisch aus und begann, die Briefe in verschiedene Stapel zu sortieren.

„Bist du schon lange Postbote?", wollte der kleine Buddha wissen.

„Schon mein ganzes Leben. Mein Vater hat bereits hier gearbeitet – als Junge habe ich ihm oft beim Sortieren geholfen und manchmal habe ich ihn sogar tagsüber beim Austragen begleitet."

„Wie ist denn das Leben als Postbote?"

„Du, ich kann mich nicht beklagen. Es ist zwar viel Arbeit und ich muss immer raus, egal ob es regnet oder stürmt. Aber ich lerne viele Leute kennen und die meisten freuen sich, wenn sie mich sehen."

Beide lächelten. Es war ein schönes Gefühl, willkommen zu sein.

„Musst du zu allen Orten, die auf der Karte zu sehen sind?“, fragte der kleine Buddha nach einer kleinen Weile.

Der Postbote nickte und begann zu erzählen: Für eine ganze Provinz war er verantwortlich, insgesamt elf Dörfer – das weiteste lag einen halben Tagesritt entfernt. Einmal die Woche besuchte er jedes Dorf, brachte den Einwohnern ihre Post und nahm die Briefe mit, die für die Bewohner der anderen Dörfer oder weit entfernter Städte bestimmt waren. Abends sortierte er dann die Schriftstücke, die er in den nächsten Tagen auszuliefern hatte. Alles, was für eine andere Provinz bestimmt war, wurde zweimal in der Woche von der Postkutsche abgeholt, die ihm auch die Briefe aus anderen Provinzen brachte, die er dann verteilen musste.

Er kannte fast alle Leute in der Region, viele waren sogar seine Freunde. Jeden Tag bekam er alle wichtigen und unwichtige Neuigkeiten zu hören und manchmal wurde er auch zum Essen oder auf eine Tasse Tee eingeladen. Wenn jemand ganz alleine lebte und nicht lesen konnte, dann nahm er sich die Zeit und las die Briefe vor. Oft schrieb er auch die Antworten, denn wer nicht lesen konnte, der konnte natürlich auch nicht schreiben. Wenn die Post schlechte Nachrichten enthielt, dann umarmte er die traurigen Empfänger; bei guten Nachrichten teilte er lachend die Freude. Gelegentlich kam es auch vor, dass er so gute Nachrichten brachte, dass er von den Empfängern reichlich mit

Obst und Kuchen beschenkt wurde. Einmal hatte ihm ein Jäger sogar ein ganzes Wildschwein gegeben, als dieser in einem Brief erfahren hatte, dass er Großvater geworden war.

Während der Postbote ausführlich von seiner Arbeit berichtete, wurde der kleine Buddha auf einmal schrecklich müde. Der erste Tag seiner Reise war anstrengender gewesen, als er gedacht hatte. Er wollte gerne weiter zuhören, doch er vernahm die Worte seines Gegenübers immer undeutlicher. Es dauerte nicht lange, da war er im Sessel eingeschlafen.

Mitten in der Nacht erwachte er. Die Lampe war erloschen, völlig dunkel war es jedoch nicht. Der kleine Buddha blickte auf und da saß der Postbote und schrieb bei Kerzenschein am Schreibtisch einen Brief. Eine ganze Weile verharrte der kleine Buddha schweigend in seinem Sessel und beobachtete seinen Gastgeber. Dann unterbrach er die nächtliche Stille.

„An wen schreibst du denn noch so spät?"

Der Postbote schreckte hoch, schließlich dachte er, sein Besucher schlafe tief und fest.

„Es ist ein Brief an eine Bekannte."

„Deine Frau?", wollte der kleine Buddha wissen.

Der Postbote schüttelte den Kopf.

„Hast du keine Frau?"

„Nein. Bisher habe ich leider noch nicht die Richtige gefunden. Aber ich bin auf der Suche – deswegen sitze ich hier und schreibe."

Der kleine Buddha dachte einen Moment nach.

„Willst du die Frau heiraten, für die der Brief bestimmt ist?“

Wieder schüttelte der Postbote den Kopf. „Die letzten beiden Briefe von ihr fand ich nicht sehr aufregend. Das hier ist das letzte Mal, dass ich ihr schreibe. Zum Glück gibt es noch genügend andere auf meiner Liste.“

„Was denn für eine Liste?“

Der Postbote hielt inne, dann zuckte er mit den Schultern und sah dem kleinen Buddha in die Augen.

„Ich bin auf der Suche nach der perfekten Frau! Da ich als Postbote fast alle Frauen in meiner Umgebung kenne, habe ich eine Liste angelegt mit all denjenigen, die in Frage kommen. Und wenn ich eine Frau treffe, die ich noch nicht kenne und die ich schön finde – die nicht zu alt und nicht zu jung ist, nicht zu dick und nicht zu dünn –, dann kommt sie ebenfalls auf die Liste.“

„Und dann?“

„Nach und nach wechsle ich mit allen Briefe. Aber nie gleichzeitig, sondern immer nur mit einer. Durch die Briefwechsel lerne ich sie besser kennen und finde heraus, ob sie zu mir passt oder nicht.“

„Und wenn sie zu dir passt?“

„Das ist leider noch nicht vorgekommen“, seufzte der Postbote. „Immer gibt es etwas, das mich stört.“

„Was denn zum Beispiel?“

„Das ist ganz verschieden. Manche sind zu ernst, andere zu albern; manche erzählen zu viel, andere zu wenig; manche sind langweilig und wieder andere sind zu verrückt.“

Für einige Momente herrschte Stille.

„Hast du schon vielen Frauen geschrieben?"

Der Postbote erhob sich, trat zum Schrank und öffnete eine Schublade, die vor lauter Briefen überquoll.

„Das hier sind nur die Antworten, die ich im letzten Jahr bekommen habe. Wie du siehst, bin ich ganz schön beschäftigt – ich habe abends gar keine Zeit mehr für andere Dinge", klagte er. „Aber es ist halt nicht einfach, die große Liebe zu finden."

Da war sie wieder, die Liebe.

„Was erhoffst du dir denn von der perfekten Frau?", fragte der kleine Buddha.

Nun war es der Postbote, der nachdenken musste.

„Ich wünsche mir einfach", sagte er nach einer Weile, „dass ich eine Frau finde, mit der ich eine harmonische Ehe führen kann. Fast alle verheirateten Leute, die ich kenne, streiten sich regelmäßig mit ihren Partnern. Das will ich nicht. Ich will immer glücklich sein."

Wieder herrschte Stille im Raum. Der kleine Buddha fragte sich, ob es überhaupt möglich war, immer glücklich zu sein. Und war es notwendig?

„Wenn man sich streitet, kann man sich doch auch wieder vertragen. Und vielleicht kann man auch etwas aus dem Streit lernen."

„Ja, da hast du recht. Aber es wäre doch viel besser, wenn man etwas lernt, ohne sich zu streiten. Und ich glaube, das geht nur, wenn man vorher überprüft hat, ob man auch wirklich zueinander passt."

„Und du meinst, dass Schreiben reicht, um herauszufinden, ob man zueinander passt? Es könnte doch sein, dass einige Frauen in echt viel besser passen, als es auf dem Papier den Anschein hat. Vielleicht solltest du dich hin und wieder mal mit einigen treffen."

„Hm ..." Der Postbote runzelte die Stirn, dabei konnte er sich im Grunde mit der Idee anfreunden. Wenn es ihm half, die richtige Partnerin zu finden – warum nicht?

„Was ist eigentlich, wenn du die perfekte Frau nicht findest?", erkundige sich der kleine Buddha nach einer Weile.

„Sag doch so etwas nicht! Wenn ich nur lange genug suche, dann finde ich sie ganz bestimmt. Irgendwo muss sie schließlich sein, es gibt doch für jeden den perfekten Partner, oder?"

Der kleine Buddha zuckte mit den Schultern. Darüber hatte er noch nie nachgedacht. Er bezweifelte jedoch, dass es zwei Menschen gab, die genau füreinander gemacht waren. Dafür waren die Menschen einfach zu verschieden. Außerdem fand er es seltsam, so viel Zeit mit Suchen zu verbringen. Wenn es wirklich die perfekte Frau für den Postboten gab, dann würde sie doch bestimmt irgendwann von alleine auftauchen.

„Hast du noch nie überlegt, aufzuhören mit dem Suchen und einfach zu warten?"

„Dazu fehlt mir die Geduld. Außerdem bin ich nicht mehr der Jüngste, irgendwann möchte ich auch gerne eine Familie gründen."

„Aber vielleicht suchst du so viel, dass du keinen Platz in deinem Leben lässt, um die richtige Frau zu finden?“

Der Postbote starrte ihn ungläubig an. Der kleine Buddha war wohl einfach noch nicht alt genug, um sein Problem zu verstehen.

„Lass uns besser ins Bett gehen, es ist schon sehr spät und morgen habe ich einen langen Tag vor mir“, meinte der Postbote. Er zeigte seinem Gast das Besucherzimmer, wünschte ihm eine gute Nacht und löschte die Kerzen.

Der kleine Buddha legte sich hin und sofort fielen ihm die Augen zu. Kurz bevor er einschlief, hatte er noch einen letzten Gedanken: Vielleicht war es gar nicht schlimm, zu suchen und seinen Wünschen und Träumen hinterherzujagen – so lange die Sehnsucht einen nicht davon abhielt, das zu genießen, was man bereits hatte.

# Die Frau des Holzfällers

Am nächsten Morgen frühstückten sie gemeinsam und erzählten sich dabei Geschichten aus ihrem Leben. Dann machte sich der Postbote für seinen Arbeitstag fertig. Er schnürte die einzelnen Briefstapel mit einer dünnen Kordel zusammen, packte sie in zwei große Beutel und lud alles auf das Pferd.

„Soll ich dich ein Stück mitnehmen?"

Der kleine Buddha warf einen bedenklichen Blick auf das wartende Tier, das zwar sympathisch aussah, ihm aber auch ordentlich Respekt einflößte. Er war noch nie auf einem Pferd geritten.

„Ist denn da überhaupt genügend Platz für zwei?"

„Natürlich. Du setzt dich einfach hinter mich."

„Ich weiß nicht ..."

„Du hast mir doch eben gesagt, dass du gerne neue Sachen ausprobierst." „Ja, das stimmt. Also gut." Der Postbote half ihm hoch, dann schwang er sich selbst in den Sattel und nahm die Zügel in die Hand.

„Festhalten!"

Während der kleine Buddha sich noch fragte, wo um alles in der Welt er sich festhalten sollte, ging es auch schon los. Und zwar nicht langsam trabend, wie er sich erhofft hatte, sondern direkt im Galopp. Der Postbote schien es eilig zu haben.

„Vorsicht, Baumstamm!"

„Was?“, rief der kleine Buddha erschrocken, doch er bekam keine Antwort. Stattdessen machte das Pferd einen großen Satz und sprang über einen umgestürzten Baum, der auf dem Weg lag. Um ein Haar wäre der kleine Buddha heruntergefallen. Mit beiden Armen klammerte er sich an seinem Vordermann fest und kniff die Augen zusammen. Doch sofort ergab sich das nächste Problem: Ihm wurde übel! Hätte er gewusst, was ihn erwartete, dann hätte er nicht so viel gefrühstückt, aber nun war es zu spät. Er riss die Augen wieder auf und konzentrierte sich, so gut er konnte, auf seinen Atem. Innerlich betete er, es mögen nicht mehr viele Hindernisse auf dem Weg liegen.

Eine halbe Stunde dauerte der wilde Ritt, dann zog der Postbote plötzlich die Zügel an und das Pferd blieb stehen. Erleichtert ließ der kleine Buddha los.

Der Postbote sprang ab, kramte in einem der Beutel und ging auf ein altes Steinhaus zu, das einsam in der Landschaft stand. Auch der kleine Buddha stieg ab. Er war froh, wieder festen Boden unter den Füßen zu haben. Wenig später kam der Postbote zurück.

„Weiter geht's!“

Doch der kleine Buddha zögerte.

„Wenn ich ehrlich bin, gehe ich lieber zu Fuß. Ich ziehe es vor, etwas langsamer zu reisen.“

Er bedankte sich für die Gastfreundschaft, dann verabschiedeten sich die beiden voneinander. Keine Minute später war der Postbote in einer großen Staubwolke verschwunden und der kleine Buddha war wieder alleine.

Der Weg führte ihn weiter in Richtung Süden. Noch immer ohne klares Ziel vor Augen marschierte er einfach geradeaus, setzte einen Fuß vor den anderen und genoss die wunderbare Frühlingsluft. Er vertraute darauf, dass ihm das Leben genau die Erfahrungen schenken würde, die er brauchte, um Antworten auf seine Fragen zu finden. Und selbst wenn nicht alle Fragen beantwortet werden würden – es gab keine Erfahrung, keine Begegnung, von der man nicht etwas Wertvolles lernen konnte.

Als die Sonne ihren höchsten Punkt erreicht hatte, kam dem kleinen Buddha ein von zwei Eseln gezogener Wagen entgegen. Auf dem hinteren Teil des Wagens war eine riesige Menge Holz aufgestapelt. Die beiden Esel schnauften unter der schweren Last, die sie hinter sich herziehen mussten. Vorne auf dem Wagen saß eine zierliche Frau, die mit einer Peitsche in der Hand dafür sorgte, dass die Tiere nicht stehen blieben. Der kleine Buddha trat zur Seite, grüßte die Frau und schaute nachdenklich dem Wagen hinterher. ‚Die armen Esel', dachte er mitleidig. Doch dann konzentrierte er sich wieder auf den Weg und setzte seine Reise fort.

Zwei Stunden später wollte er gerade eine Rast einlegen, da wurde er von dem Eselwagen eingeholt, der dieses Mal in die andere Richtung fuhr. Direkt neben ihm brachte die Frau den Wagen zum Stehen und blickte ihn freundlich an.

„Möchtest du mitfahren?"

Der kleine Buddha überlegte nicht lange und nickte dankbar lächelnd. Etwas mühsam erklomm er die schmale Fahrerbank und ließ sich dann neben der Frau nieder. Die Esel zogen an und der Wagen rollte weiter.

Der kleine Buddha hatte bemerkt, dass das Holz fehlte. Er freute sich, dass der Wagen jetzt viel leichter war und die beiden Esel sich nicht mehr so abrackern mussten.

„Wo hast du denn all die Baumstämme hingebracht?", wollte er wissen.

„Zu einem Käufer, der gerade ein Haus baut. Mein Mann ist Holzfäller und arbeitet den ganzen Tag über im Wald. Ich bin diejenige, die das Holz ausliefern muss."

„Ganz alleine?"

„Ja, aber das Auf- und Abladen übernehmen andere. Ich fahre nur den Wagen."

„Und jetzt? Fährst du wieder nach Hause?"

Die Frau nickte, während sie die Peitsche einmal laut in der Luft knallen ließ, damit die Esel nicht unterwegs einschliefen.

„Wenn ich zurück bin, muss ich erst die beiden Faulpelze hier versorgen und dann muss ich kochen. Wenn mein Mann von der Arbeit kommt, hat er immer großen Hunger. Außerdem muss ich meine Kinder von ihren Großeltern abholen."

„Wie viele Kinder hast du denn?"

„Fünf."

„Fünf?", entgegnete der kleine Buddha erstaunt. „Du siehst noch gar nicht so alt aus."

„Bin ich auch nicht, aber ich habe halt früh angefangen", zwinkerte sie ihm zu.

„Was ist denn mit dir?", fuhr sie fort. „Was treibst du so und wohin bist du unterwegs?"

Der kleine Buddha begann ihr aus seinem Leben zu berichten. Dass er die meiste Zeit meditierend unter seinem Bodhi-Baum verbrachte und nun zum zweiten Mal eine Reise unternahm. Und dass er keine genauen Pläne hatte, sondern sich lieber von jedem neuen Tag überraschen ließ. Die Frau hörte ihm aufmerksam und interessiert zu. Als er zu Ende erzählt hatte, bemerkte der kleine Buddha, dass die Frau einen sehnsüchtigen, ja fast schon traurigen Gesichtsausdruck bekommen hatte.

„Bist du nicht glücklich?", fragte er vorsichtig.

Sie zuckte mit den Schultern, als wüsste sie keine Antwort auf seine Frage.

„Weißt du, ich muss jeden Tag von früh morgens bis spät abends arbeiten, das ist sehr anstrengend."

„Kannst du denn nicht ab und zu Urlaub machen?"

Die Frau lachte auf. „Nein. Wir müssen Geld verdienen, um unser Haus zu bezahlen, und schließlich soll immer für alle genügend Essen auf dem Tisch stehen."

Der kleine Buddha nickte verständnisvoll, doch sogleich kam ihm ein neuer Gedanke.

„Aber es ist doch bestimmt auch schön, eine große Familie zu haben, oder?"

„Das ist es in der Tat. Aber manchmal wünschte ich, dass ich auch einfach frei umherreisen könnte. So wie du."

Für eine Weile blieb es still auf dem Wagen. Während sie schweigend den Weg entlangrollten, dachte der kleine Buddha nach.

„Wieso hast du denn eigentlich so schnell fünf Kinder bekommen? Du hättest doch auch noch etwas warten können, dann hättest du Zeit zum Reisen gehabt."

„Das wäre wahrscheinlich besser gewesen ... Aber schon als kleines Kind habe ich von einer romantischen Hochzeit geträumt. Ich wollte unbedingt heiraten, ein schönes Kleid tragen und für einen Tag eine echte Prinzessin sein. Ich wollte mich in sicheren Händen fühlen und eine eigene Familie gründen."

„Das hast du doch auch geschafft."

„Ja, aber ich dachte, dass ich für immer glücklich wäre, wenn ich all das erreiche. Doch die Wirklichkeit sieht leider anders aus als das Leben, das ich mir in meiner Fantasie ausgemalt hatte."

Es war bereits das dritte Mal in kurzer Zeit, dass der kleine Buddha von dem Wunsch nach ewigem Glück hörte. Erst der Mann, der ihn unter seinem Baum besucht hatte, dann der Postbote und nun die Frau – sie alle sprachen davon, einen Weg zu finden, mit dem sie die Traurigkeit für immer besiegen konnten. Aber genauso, wie der helle Tag und die dunkle Nacht zusammengehörten, genauso waren vielleicht auch Glück und Traurigkeit unzertrennlich. Wenn man das eine wollte, dann musste man auch das andere willkommen heißen.

„Ich habe mich mit meiner Situation abgefunden", fuhr

die Frau fort, „und ich weiß, dass man nicht alles haben kann. Eine große Familie und frei um die Welt reisen, das sind einfach zwei völlig verschiedene Dinge."

„Würdest du denn deine Kinder für eine Reise eintauschen wollen?"

„Nein, natürlich nicht. Aber bestimmt würde ich nicht noch einmal so schnell heiraten. Ich glaube, es ist viel besser, zuerst etwas mehr Zeit für sich selbst zu haben. Außerdem sollte man sich vor einer Hochzeit gründlich überlegen, ob man mit dem anderen wirklich den Rest seines Lebens verbringen will."

„Aber gewisse Probleme wird es doch immer geben, oder? Egal, mit wem man zusammen ist."

Der kleine Buddha erzählte ihr von seiner Begegnung mit dem Postboten, der verzweifelt auf der Suche nach der perfekten Frau war.

„Der arme Kerl", erwiderte die Frau des Holzfällers, „da wird er wohl ewig suchen müssen. Nein, den perfekten Partner gibt es nicht. Wer alle Probleme vermeiden will, fürchte ich, für den ist die Ehe nichts."

„Was ist denn wichtig, damit das Zusammenleben klappt?"

„So einiges! Eine Ehe bedeutet immer eine Menge Arbeit. Es gibt schließlich nicht nur Höhen, sondern auch viele Tiefen – denn auch die Liebe hat manchmal schlechte Laune. Man muss sich gegenseitig helfen, um den Alltag zu meistern, und vor allem muss man ehrlich miteinander sein."

Der Weg wurde steiler und der Wagen rollte nur noch langsam voran. Die Frau musste mehrmals die Peitsche knallen lassen, damit sie die Anhöhe nicht wieder rückwärts hinunterrollten. Die Esel schnauften laut, doch wenig später hatten sie es geschafft und waren oben angekommen.

„Ich glaube, wenn es wahre Liebe ist, dann lässt sich für jedes Problem eine Lösung finden."

„Und woher weiß man, dass es wahre Liebe ist?", fragte der kleine Buddha.

Die Frau hielt einen Moment inne, bevor sie antwortete: „Wahre Liebe bedeutet, dass man jemanden so lässt, wie er ist, und nicht versucht, ihn zu ändern."

Der kleine Buddha lächelte und ließ die Worte der Frau auf sich wirken.

„Und wie ist es bei dir und deinem Mann? Ist es wahre Liebe?"

Wieder herrschte Stille, dieses Mal etwas länger.

„Ich wünschte, es wäre so, aber wenn ich ehrlich bin: nein. Wir haben eine Familie zusammen und kommen gut miteinander aus, mehr aber auch nicht. Wir respektieren uns, aber wir sind leider zu verschieden. Uns fehlen die gemeinsamen Träume, die das Leben so aufregend machen. Ich würde zum Beispiel eines Tages gerne am Meer leben, meinen Mann interessiert das aber nicht. Ich tanze gerne, er überhaupt nicht; ich bin gerne unter Leuten, mein Mann hingegen ist am liebsten ganz alleine im Wald. Es gibt viele Dinge, die ich einfach vermisse."

„Was vermisst du denn am meisten?"

„Zuneigung! Weißt du, für meinen Mann ist Liebe nur ein Märchen – gut für Gedichte, Lieder und romantische Geschichten, aber völlig unbrauchbar im echten Leben. Er denkt immer, ich erwartete von ihm, dass er mich auf Händen trägt und mir riesige Geschenke macht. Dabei stimmt das gar nicht. Es sind die kleinen Dinge, die den Unterschied ausmachen: ein paar Blumen, einige nette Worte, eine Umarmung. Um jemandem seine Liebe zu zeigen, muss man keine Diamanten verschenken."

Die Frau wandte sich dem kleinen Buddha zu: „Ob du es glaubst oder nicht, aber mein Mann hat mir noch nie Blumen mitgebracht, obwohl er jeden Tag an einer großen Rosenhecke vorbeikommt!"

„Oh, das tut mir leid."

„Ist schon in Ordnung. Ich habe mich ja mittlerweile daran gewöhnt."

„Hast du deinem Mann denn schon mal gesagt, was du vermisst?"

„Nein. Ich finde, darauf muss er selbst kommen."

„Aber du sagst doch, dass ihr ganz verschieden seid. Woher soll er also wissen, was du möchtest?"

Eine Weile starrte die Frau nachdenklich geradeaus. Dann schaute sie wieder den kleinen Buddha an und lächelte.

„Danke für deinen Ratschlag. Ich werde mal versuchen, mit ihm zu reden. Wer weiß: Vielleicht kann ich ja doch glücklicher werden. Eine Chance hat unsere Ehe auf jeden Fall verdient."

Nachdenklich schwiegen beide. Am späten Nachmittag erreichten sie eine Kreuzung, von der der Weg zum Haus der Frau abzweigte. Der kleine Buddha stieg ab, winkte der Frau hinterher und setzte dann seinen Weg alleine fort. Ob ihre Sehnsüchte eines Tages gestillt würden? Am besten wäre natürlich, wenn sich die Beziehung zu ihrem Ehemann änderte und sie zusammen glücklich sein könnten. Wenn nicht, dann müsste sie sich wahrscheinlich gedulden, bis ihre Kinder alt genug waren und selbständig durchs Leben gehen konnten. Vielleicht würde sie dann einen Mann treffen, der besser zu ihr passte. Jemanden, der gerne mit ihr tanzt, sie zum Meer begleitet und ihr nach der Arbeit Blumen mitbringt.

# Der eifersüchtige Schlossbesitzer

Nachdem er sich von der Frau des Holzfällers verabschiedet hatte, wandte sich der kleine Buddha wieder ganz seinem Weg zu. In einiger Entfernung erblickte er den Rand eines großen Waldes – vielleicht war das der Wald, den er schon auf seiner ersten Reise durchquert hatte? Ganz sicher war er sich allerdings nicht, denn es gab viele Wälder im ganzen Land und wenn man sich nicht genau auskannte, waren sie nur schwer zu unterscheiden.

Die Sonne neigte sich dem Horizont entgegen und zudem zogen dunkle Wolken auf. Weit und breit war kein einziges Haus zu sehen und so sah sich der kleine Buddha nach einem anderen Unterschlupf um. Normalerweise hätte er einfach unter einem Baum geschlafen, doch alle Bäume hier hatten noch nicht genügend Blätter, um ihm Schutz vor dem heranziehenden Regen zu bieten. Als bereits die ersten Tropfen zu Boden fielen, entdeckte er zum Glück einen kleinen Felsvorsprung in der Nähe des Weges. Der kleine Buddha fand ausreichend Platz und während der Regen immer stärker vom Himmel rauschte, machte er es sich unter dem Felsen gemütlich. Er wickelte sich in seine Decke ein, aß seine wenigen Vorräte, die er noch übrig hatte, und dachte wieder einmal über dieselbe Frage nach, die er sich bei jedem größeren Regenschauer stellte: Wie war es möglich, dass ein paar Wolken so viel Wasser tragen konnten?

Am nächsten Morgen erwachte der kleine Buddha schon früh. Eben ging die Sonne auf und ihre ersten warmen Strahlen begrüßten mit ihm den Tag. Er packte die Decke in seine Umhängetasche und macht sich wieder auf den Weg – ein neuer Tag wartete darauf, gelebt zu werden.

Der kleine Buddha war bereits einige Stunden unterwegs, als er eine Gegend erreichte, die ihm seltsam bekannt vorkam. Während er noch versuchte, sich zu erinnern, hörte er aus der Ferne das Bellen von Hunden. Kurz darauf zweigte der Weg scharf nach rechts ab und dann war ihm mit einem Mal klar, wo er war: Wenige hundert Meter vor ihm stand das Schloss, in dessen Garten er zwei Jahre zuvor einige Zeit verbracht hatte. Ob sein Freund, der Gärtner, wohl immer noch dort arbeitete? ‚Bestimmt!', dachte er, ‚wo soll er sonst sein?' Der kleine Buddha spürte, wie sein Herz schneller zu schlagen begann. Fast wäre er losgerannt, doch dann hielt er inne und tat genau das Gegenteil: Er ging langsamer, um das wundervolle Gefühl der Vorfreude so lange wie möglich auskosten zu können.

Als er das riesige Grundstück betrat, wurde er sogleich begeistert von den beiden Schlosshunden begrüßt, die ihn offensichtlich nicht vergessen hatten. Der kleine Buddha blieb stehen, denn auch er freute sich, sie zu sehen. Alles kam ihm vertraut vor, auch der schmale Pfad, der ihn direkt zu der Hütte des Gärtners führte. Er klopfte an die Tür, bekam jedoch keine Antwort. Nach einigen weiteren erfolglosen Versuchen begab er sich zu der hinteren Seite der Hütte, dort, wo der Gemüsegarten anfing, und schaute sich überall um. Doch nirgendwo eine Spur von seinem Freund. ‚Wahrscheinlich ist er ins Dorf gegangen, um einzukaufen.' Also setzte sich der kleine Buddha auf eine Stufe und wartete geduldig.

Nach einer Stunde war der Gärtner noch immer nicht aufgetaucht. Eigentlich war das nicht weiter schlimm, doch inzwischen hatte der kleine Buddha schrecklichen Hunger bekommen. Wenn er den ganzen Tag unter seinem Bodhi-Baum saß, brauchte er fast kein Essen. Doch es war etwas ganz anderes, tagelang unterwegs zu sein. Sein Magen knurrte so laut, dass es ihm fast nicht möglich war, in Ruhe zu meditieren. Er schaute in seiner Tasche nach, doch am Vorabend hatte er seinen Proviant völlig aufgebraucht. Im Garten fand sich ebenfalls nichts Essbares, denn die Pflanzen standen erst in der Blüte und trugen noch keine Früchte. Außerdem hatte er Lust auf eine warme Mahlzeit. Er überlegte und plötzlich hatte er eine Idee: Vielleicht konnte er im Schloss etwas zu essen bekommen.

Begleitet von den beiden Hunden ging er den Pfad zurück und stand wenig später vor einer hohen Holztür. Es war nur ein sehr kleines Schloss, ohne Turm und ohne Graben, aber nichtsdestotrotz ein echtes Schloss. Der Gärtner hatte ihm einmal erzählt, dass vor vielen Jahren ein richtiger Fürst hier gewohnt hatte. Der kleine Buddha umfasste den schweren Eisenring, der an der Tür angebracht war, und schlug ihn kräftig gegen das Holz. Nach nur wenigen Sekunden wurde die Tür mit einem lauten Quietschen geöffnet. Ein älterer Herr mit ungekämmtem Haar und Vollbart starrte ihn mürrisch an – es war der Schlossbesitzer höchstpersönlich.

„Was möchtest du?"

„Verzeih mir die Störung", erwiderte der kleine Buddha in höflichem Ton, „ich bin hier, um meinen Freund, den Gärtner, zu besuchen, aber leider ist er noch nicht zu Hause. Da ich über zwei Tage gereist bin, habe ich großen Hunger und deshalb wollte ich fragen, ob du vielleicht etwas zu essen für mich hättest?"

„Warst du nicht schon mal vor einigen Jahren hier?"

„Ja genau!", nickte der kleine Buddha, froh darüber, dass der Mann sich an ihn erinnerte.

„Na gut", brummte der Schlossbesitzer, „komm herein. Du hast Glück, ich wollte sowieso gerade mein Mittagsmahl zu mir nehmen. Suppe und Brot, mehr gibt es aber nicht."

„Prima, das reicht mir."

Der kleine Buddha folgte dem Schlossherrn in die düstere Eingangshalle. Ein langer, ebenfalls düsterer Gang führte zum Esszimmer.

„Setz dich, ich komme sofort."

Während der Schlossbesitzer in der angrenzenden Küche verschwand, ließ sich der kleine Buddha am Tisch nieder. Neugierig sah er sich um. Direkt neben ihm verdeckten braune Gardinen den Großteil des Fensters, sodass nur spärlich Licht von außen hereindrang. Doch der Raum war nicht nur wegen der Gardinen dunkel, sondern er war auch hoffnungslos überfüllt. Auf diversen Regalen stapelten sich Bücher, bunte Gläser und kleine Statuen; an den Wänden hingen verzierte Teller und verstaubte Ölgemälde, alle in goldenen Rahmen; auf dem Boden standen große verschlossene Holztruhen und von der Decke baumelte ein riesiger Kerzenleuchter mit abgebrannten Kerzen. Der kleine Buddha hatte noch nie so viele Dinge in einem einzigen Raum gesehen! Allerdings wirkte alles ziemlich lieblos. Das gesamte Gebäude war kalt und dunkel und das Esszimmer erschien ihm furchtbar ungemütlich. Er war zwar dankbar, dass ihm die Tür geöffnet worden war, aber wirklich willkommen fühlte er sich nicht.

Plötzlich schepperte es in der Küche.

„Mist!", hörte er den Schlossbesitzer fluchen.

Kurz darauf erschien der Schlossherr und reichte ihm eine Schüssel Suppe. Abstellen konnte der kleine Buddha sie nirgends, denn auch der Tisch war vollgestellt mit irgendwelchem Kram und überall stapelten sich leere Schalen.

„Ist etwas kaputtgegangen?", erkundigte sich der kleine Buddha.

„Es wäre besser zu fragen, was noch nicht kaputtgegangen ist. Vor zwei Wochen ist mein Diener weggelaufen und seitdem hat sich die Küche in ein Schlachtfeld verwandelt."

„Warum ist er denn weggelaufen?"

„Weil ...", fing der Schlossbesitzer an, doch sofort verstummte er wieder. „Jetzt habe ich schon wieder etwas vergessen. Um alles muss ich mich selbst kümmern, es ist einfach grässlich!"

Stöhnend erhob er sich, schlurfte in die Küche und kam mit ein paar Scheiben Brot zurück. Kaum hatte er sich wieder gesetzt, begann er auch schon, die heiße Suppe in sich hineinzuschaufeln. Nachdem er die Schale zur Hälfte geleert hatte, hielt er inne.

„Ich weiß auch nicht genau, warum er gegangen ist. Er meinte, er würde es hier nicht mehr aushalten, dabei habe ich ihn immer großzügig bezahlt."

„Vielleicht war es ihm zu dunkel hier?", fragte sein Besucher vorsichtig.

„Findest du, dass es hier zu dunkel ist?"

Der kleine Buddha nickte, während er sich einen weiteren Löffel Suppe in den Mund schob.

„Die Sache ist die", erklärte der Schlossbesitzer, „dass zu viel Licht den Büchern und Gemälden schadet. Dann würden sie an Wert verlieren und das kann ich nicht zulassen."

„Warum hast du denn überhaupt so viele Sachen?", wollte der kleine Buddha wissen.

„Weil ich ein Sammler bin. Ich sammle alles, was kostbar ist. In meinem Schloss gibt es fünfzehn Zimmer und jedes Zimmer ist randvoll mit edlen Gegenständen. Ich habe sogar eine ganze Menge Gold und Silber! Viele

Jahre habe ich gebraucht, um all diese Reichtümer zusammenzutragen."

„Und was machst du damit?"

„Nichts. Ich warte, denn mit der Zeit wird mein Besitz immer wertvoller und dadurch werde ich immer reicher!", gab der Schlossherr stolz zur Antwort. Dabei funkelten seine Augen gierig.

Der kleine Buddha wusste nicht, was er dazu sagen sollte. Er war überzeugt, dass zu viele Besitztümer das Leben nur unnötig erschwerten, anstatt es leichter zu machen. Vor allem verstand er nicht, warum jemand so viele Sachen haben wollte, ohne sie zu benutzen.

„Ich sammle auch etwas", sagte er schließlich.

„Ach ja? Was denn?"

„Besondere Momente!"

„Das ist doch nicht dasselbe", erwiderte der Schlossbesitzer. „Sammeln kann man nur etwas, das man später für mehr Geld verkaufen kann."

„Verkaufen kann man sie nicht, das stimmt. Aber Momente zu sammeln hat einen großen Vorteil gegenüber dem Sammeln von Dingen: Momente kann dir niemand wegnehmen!"

Nun war es der Schlossbesitzer, dem es die Sprache verschlagen hatte.

Für eine Weile schwiegen beide und widmeten sich ihrem Mittagsmahl. Als sie aufgegessen hatten, brachte der Gastgeber die Schüsseln in die Küche. Der kleine Buddha sah sich unterdessen weiter im Speisezimmer um und dabei fiel ihm ein Gemälde auf, das den Schlossbesitzer mit seiner Familie zeigte. Als der Schlossherr mit einer Kanne Tee zurückkehrte, fragte der kleine Buddha: „Wo sind denn eigentlich deine Kinder? Ich erinnere mich noch gut an sie. Bei meinem letzten Besuch habe ich oft mit ihnen im Garten gespielt."

„Die sind letzte Woche auch weggelaufen", seufzte der Schlossbesitzer, „zusammen mit meiner Frau."

„Wieso das denn?", fragte der kleine Buddha ganz entsetzt.

„Auch sie haben gesagt, dass sie es hier nicht mehr aushalten. Zumindest meine Frau, aber da sie sich schon immer um unsere Kinder gekümmert hat, hat sie sie mitgenommen."

„Aber hat deine Frau dir nicht erklärt, warum sie nicht mehr bei dir bleiben wollte?"

„Doch ..."

Stille machte sich breit und der Schlossbesitzer versuchte, sich hinter seiner Tasse Tee zu verstecken. Am liebsten hätte er gar nicht weitergesprochen.

„Liebt sie dich nicht mehr?"

„Das schon. Aber sie hat gesagt, dass sie erst zurückkommen wird, wenn ich mich ändere."

„Was sollst du denn ändern?"

„Meine Eifersucht."

„Und stimmt es denn, dass du eifersüchtig bist?"

„Vielleicht."

„Vielleicht?"

Der kleine Buddha musste jedes Wort einzeln aus ihm herauslocken.

„Was ist denn passiert?"

„Ich habe ihr verboten, das Schlossgrundstück zu verlassen."

„Und warum?"

„Weil sie jede Woche an mehreren Tagen ins Dorf gegangen ist. Das wollte ich nicht."

„Aber warum wolltest du das denn nicht?"

Wieder herrschte für einige Momente Schweigen.

„Ich hatte Angst, dass sie sich mit einem anderen Mann trifft. Jedes Mal, wenn sie weggegangen ist, bin ich wütend geworden. Ich wollte, dass sie nur mir ihre Aufmerksamkeit schenkt. Wozu sollte sie ständig rausgehen, habe ich mich gefragt. Sie hat hier doch alles, was sie braucht."

„Vielleicht wollte sie sich mit Freunden treffen."

„Ja, das hat sie mir auch gesagt, aber ich habe ihr nicht geglaubt. Sie hat mir vorgeworfen, dass ich keine Liebe geben würde, sondern nur welche bekommen will. Dabei liebe ich sie doch ..."

Der kleine Buddha hatte allmählich Mitleid mit ihm. Natürlich verstand er die Frau – sie hatte sich nicht vorschreiben lassen wollen, was sie zu tun hatte, und es war ihr gutes Recht gewesen, ihre Sachen zu packen und fortzugehen. Aber der Schlossbesitzer wollte eben geliebt werden so wie alle anderen Menschen auch. Nur leider hatte er nicht erkannt, dass man niemanden dazu zwingen kann, alles für einen anderen aufzugeben. Mit seinem Versuch, die Liebe an sich zu binden, hatte er sie verjagt. Er war zwar immer noch reich, aber jetzt hatte er niemanden mehr, mit dem er seine gesammelten Reichtümer teilen konnte.

„Ich verstehe nicht, warum ich die Liebe nicht genau so besitzen kann wie ein Bild oder ein Schloss", fasste der Schlossbesitzer seine Gedanken zusammen.

„Aber wie willst du etwas besitzen, das du nicht festhalten kannst?"

Der kleine Buddha bekam auf diese Frage keine Antwort mehr. Vielleicht wusste der Schlossbesitzer tief im Inneren, dass er die Liebe weder kaufen noch besitzen konnte, doch er wollte es nicht wahrhaben. Er war es gewohnt, alles zu bekommen, was er wollte. Und wahrscheinlich fürchtete er sich davor, das zu verlieren, was er besaß. Egal, ob es sich dabei um ein Schloss handelte oder um die Liebe.

# Der besorgte Schüler

Am frühen Nachmittag verließ der kleine Buddha das dunkle Schloss und kehrte zu der nahe gelegenen Hütte zurück, um zu sehen, ob der Gärtner nun zu Hause war. Er klopfte einige Male und sogleich waren Schritte im Inneren zu vernehmen. Die Tür wurde geöffnet und der Gärtner stand vor ihm. Ein freudiges Lächeln machte sich auf seinem Gesicht breit und mit einer herzlichen Umarmung begrüßte er den kleinen Buddha.

„Das ist aber eine schöne Überraschung!"

Zwei Jahre waren vergangen, seit sie sich gesehen hatten. Da der Gärtner noch in den Gemüsebeeten arbeiten musste, begleitete ihn der kleine Buddha. Auf diese Weise konnten sie sich erzählen, was sie seit ihrem letzten Treffen erlebt hatten.

Nachdem sie sich auf den neusten Stand gebracht hatten, berichtete der kleine Buddha von seiner merkwürdigen Begegnung mit dem Schlossbesitzer.

„Mich wundert überhaupt nicht, dass seine Frau mit den Kindern abgehauen ist", sagte der Gärtner. „Stell dir vor, du siehst einen schönen Vogel und sperrst ihn in einen Käfig, damit er nicht wegfliegt und du ihn die ganze Zeit anstarren kannst. Es würde nicht lange dauern, bis der Vogel traurig wird und einen Großteil seiner Schönheit verliert. Nein, so funktioniert das mit der Liebe nicht – wenn man versucht, sie zu besitzen, dann tötet man sie. Liebe darf man nicht einsperren, sie muss frei sein, damit sie bewundert werden kann."

„Was glaubst du denn, warum der Schlossbesitzer unbedingt alles besitzen will?", fragte der kleine Buddha, während er sich hinkniete, um dem Gärtner beim Unkrautjäten zu helfen.

„Weil er sich unsicher fühlt. Er hofft, dass er durch alle seine Reichtümer keine Angst mehr haben muss, eines Tages ganz alleine und unbeschützt in der Welt zu stehen. Mit seiner Frau ist es das Gleiche: Er sucht keine Liebe, sondern Sicherheit! Leider hat er noch nicht gemerkt, dass sich das Verlangen nach Sicherheit auflöst, sobald man anfängt, wahrhaftig zu lieben."

„Stattdessen ist er eifersüchtig geworden ..."

„Genau. Und weißt du, was der Grund für die Eifersucht ist?"

Der kleine Buddha schüttelte den Kopf.

„Eifersucht entsteht, wenn man viel zu viel über die Zukunft nachdenkt. Man geht davon aus, dass etwas Schlimmes passieren wird, obwohl man gar nicht wissen kann, was passieren wird. Und dann macht man sich Sorgen und hält an den sorgenvollen Gedanken fest. Ich kenne dazu eine schöne Geschichte – soll ich sie dir erzählen?"

Der kleine Buddha nickte sofort und freute sich, denn er hatte schon lange keine neue Geschichte gehört. Sie ließen also für eine Weile Unkraut Unkraut sein und ließen sich direkt neben dem Beet auf einem großen Stein nieder. Dann begann der Gärtner zu erzählen.

*Ein Meister und sein Schüler waren nach einer Pilgerreise auf dem Rückweg zu ihrem Tempel. Gegen Mittag kamen sie an einen Fluss, den sie durchqueren mussten. Am Ufer stand eine alte Frau, die verzweifelt überlegte, wie sie auf die andere Seite gelangen sollte. Es gab keine Brücke und sie hatte Angst vor der Strömung. Ohne weiter nachzudenken, bot ihr der Meister seine Hilfe an. Die Frau nahm sein Angebot dankend an und er trug sie auf seinem Rücken durch den Fluss. Auf der anderen Seite setzte der Meister die Frau ab und dann gingen sie wieder getrennte Wege.*

*Der Schüler war hinter seinem Meister durch den Fluss gestapft und hatte mit Entsetzen beobachtet, wie dieser die Frau getragen hatte. Ihre Religion untersagte es ihnen nämlich, Frauen zu berühren. Während sie weiter in Richtung Tempel marschierten, musste der Schüler unaufhörlich über die Sünde des Meisters nachdenken. Wie um alles in der Welt hatte er es wagen können, die Frau auf seinem Rücken zu tragen? Sicherlich würde ihn Gott dafür bestrafen. Und was, wenn auch er eine Strafe erhielte? Schließlich hatte er ihn nicht von der unwürdigen Tat abgehalten. Den ganzen Nachmittag machte er sich große Sorgen darüber, was nun mit ihnen passieren würde.*

*Kurz bevor sie den Tempel erreichten, hielt er es nicht länger aus und sprach den Meister auf sein Unbehagen an.*

*„Wie konntest du nur die Frau über den Fluss tragen? Du weißt doch, dass es uns nicht erlaubt ist, Frauen zu berühren."*

*Der Meister blieb ruhig und ging einfach weiter. Er hatte sehr wohl bemerkt, dass sein Schüler unentwegt über das*

*Geschehnis am Fluss gegrübelt hatte. Schließlich brach er sein Schweigen:*

*„Du hast recht, ich habe die Frau berührt und über den Fluss getragen, obwohl wir keine Frauen berühren sollen. Aber ich habe sie sofort wieder losgelassen. Du bist derjenige, der sie seitdem in seinen Gedanken trägt.“*

Wie schon bei seinem letzten Besuch blieb der kleine Buddha mehrere Wochen bei dem Gärtner. Tagsüber half er ihm bei der Arbeit: Er pflanzte neue Samen und Setzlinge, bewässerte Gräser und Sträucher, säuberte die Beete vom ewig wuchernden Unkraut und grub die Erde um. Die Arbeit machte ihm große Freude, denn der Garten war einer der besten Orte, um sich am Frühling zu erfreuen. Überall wuchsen farbenprächtige Blumen und Früchte heran, die Bäume bekamen neue Blätter und eine schier endlose Zahl Insekten tanzte unter der Sonne. Alles war in Bewegung und an jeder Ecke konnte man den konstanten Wandel des Lebens bestaunen. Manchmal überlegte der kleine Buddha, jemand wie der Schlossbesitzer täte gut daran, ebenfalls mehr Zeit im Garten zu verbringen – er würde mit eigenen Augen sehen, dass alles vergänglich ist und es keinen Sinn hat, an irgendetwas festzuhalten. Anstatt mit Angst in die Zukunft zu schauen, würde er lernen, die Gegenwart voll und ganz in sein Herz zu schließen.

Abends saßen der kleine Buddha und der Gärtner oft stundenlang vor dem offenen Kamin, tranken Tee aus frischen Kräutern und philosophierten über das Leben. Manchmal meditierten sie auch und tauchten gemeinsam in die tiefe Stille ein, die sie umgab. Es war kein Wunder, dass der kleine Buddha in dieser Umgebung völlig die Zeit vergaß und ihm gar nicht auffiel, wie die Tage dahinflogen.

Der Gärtner hatte ihm viele Male von den Bergen vorgeschwärmt. Da der kleine Buddha noch nie in einem richtigen Gebirge gewesen war, dachte er immer öfter daran, seinen Aufenthalt im Schlossgarten zu beenden und seine Reise fortzusetzen. Fast einen Monat nach seiner Ankunft war es dann schließlich soweit: Er wollte gen Norden wandern, dorthin, wo die hohen Gipfel den Himmel berührten.

An ihrem letzten gemeinsamen Abend entzündeten sie draußen vor der Hütte ein kleines Feuer. Der kleine Buddha hatte dem Gärtner schon viel von seiner bisherigen Reise berichtet, doch an diesem Abend erzählte der kleine Buddha vor allem von den verschiedenen Menschen, die er getroffen hatte: dem traurigen Mann, dem suchenden Postboten, der Frau des Holzfällers und natürlich dem eifersüchtigen Schlossbesitzer.

„Sie alle sprechen über die Liebe – doch keiner ist wirklich glücklich. Vielleicht ginge es ihnen besser, wenn sie versuchen würden, ihr Glück woanders zu finden? Natürlich sollen sie lieben, aber muss es unbedingt eine bestimmte Person sein?"

„Ich weiß, was du meinst", erwiderte der Gärtner, „und du hast vollkommen recht: Die Liebe, die du fühlst, sollte nicht auf einen Menschen begrenzt sein. Aber ich glaube, die Menschen vermissen noch etwas anderes, etwas, das zwar mit der Liebe zu tun hat, aber das man nicht mit der Liebe zu einem Freund oder einem Tier oder einer Blume vergleichen kann."

Der kleine Buddha sah ihn neugierig an. Was konnte das wohl sein?

„Es ist die Sehnsucht nach dem Verliebtsein."

Es herrschte Stille. Nur das Knistern des Feuers war zu hören.

„Das Problem fängt dann an, wenn du einmal von der süßen Frucht gekostet hast. Wenn du einmal richtig verliebt warst, dann wirst du immer die Sehnsucht verspüren, dass sich diese wundervolle Erfahrung wiederholt."

Der Gärtner merkte, dass der kleine Buddha mit seinen Worten nichts anfangen konnte. „Was ist mit dir – warst du schon mal verliebt?"

„Nein, ich glaube nicht", antwortete der kleine Buddha mit einem Kopfschütteln.

„Wirklich nicht? Du hattest noch nie Schmetterlinge im Bauch?"

„Schmetterlinge? Im Bauch?" Der kleine Buddha war verwirrt.

„Ja, das sagt man so. Es ist schwer, dieses Gefühl zu beschreiben. Man ist überglücklich und möchte am liebsten die ganze Welt umarmen. Alles scheint traumhaft schön zu sein und es kommt einem vor, als würde man mit dem anderen Menschen verschmelzen. Ich kann gut verstehen, dass man das Verliebtsein vermisst, wenn man es lange nicht erlebt hat."

„Und wie macht man das? Sich verlieben?"

„Tja, das ist leider nicht so einfach. Oder doch, einfach ist es schon, aber es ist keine bewusste Entscheidung. Man kann es nicht planen – es passiert meistens dann, wenn man es am wenigsten erwartet. Jemand taucht in deinem Leben auf und plötzlich spürst du ein Kribbeln, genau hier."

Er zeigte mit der Hand auf den Bereich um seinen Bauchnabel.

„Deswegen sagt man, wenn man über das Verliebtsein spricht, dass man Schmetterlinge im Bauch hat. Weil es sich so anfühlt, als würden hunderte Schmetterlinge durch dein Inneres fliegen. Glaube mir, es ist ein einzigartiges, überwältigendes Empfinden."

Der kleine Buddha wurde immer neugieriger. Nur allzu gerne würde er selbst dieses unbekannte Gefühl kennenlernen.

„Und du? Warst du auch schon mal verliebt?", fragte er seinen Freund.

„Ja", antwortete dieser, „und ich hoffe, dass ich mich eines Tages erneut verlieben werde."

„Was ist denn beim letzten Mal passiert? Sind die Schmetterlinge wieder weggeflogen?"

Der Gärtner musste lachen.

„So kann man das auch ausdrücken. Weißt du, das Gefühl des Verliebtseins ist so intensiv, dass es fast unmöglich ist, es für immer aufrechtzuerhalten. Wie bei allem im Leben ändert sich auch die Liebe ständig. Deswegen darf man auch an dem Verliebtsein nicht festhalten. Wenn man Glück hat, bleiben ein paar Schmetterlinge im Bauch und dann kann es sein, dass sie sich irgendwann wieder vermehren. Aber manchmal fliegen sie leider alle weg."

„Das ist schade", sagte der kleine Buddha, „aber dann fliegen sie bestimmt woanders hin."

„Ja, das tun sie. Und wenn du die alten Schmetterlinge loslässt, dann besteht auch die Möglichkeit, dass irgendwann wieder neue bei dir im Bauch landen werden."

Sie lächelten beide und blieben noch eine ganze Weile schweigend am Feuer sitzen. Als es Zeit wurde, ins Bett zu gehen, wandte sich der Gärtner noch einmal an den kleinen Buddha.

„Die Liebe hat viele verschiedene Gesichter. Das Verliebtsein ist nur eins davon. Wenn du mich fragst, dann ist das Wichtigste, geduldig zu sein. Denn ..." Er hielt einen Moment inne, bevor er den Satz zu Ende sprach: „Geduld bedeutet, die Zeit zu lieben."

# Die fleißige Weberin

Am nächsten Morgen verabschiedete sich der kleine Buddha mit einer Umarmung von dem Gärtner und brach auf in Richtung Norden. Das Gebirge war mehrere Tagesmärsche entfernt, eine lange Reise lag vor ihm.

Die ersten Stunden wanderte er den gleichen Weg entlang, auf dem er bereits gekommen war. Rechts von ihm lag der große Wald und vor ihm schlängelte sich der Pfad durch eine leicht hügelige Landschaft. Gegen Mittag hatte er die Hügel und den Wald hinter sich gelassen und sein Weg führte ihn nun durch weite Felder. Als es dunkel wurde, begann der kleine Buddha, nach einem Haus oder wenigstens einem Baum Ausschau zu halten, doch weit und breit war nichts zu sehen. Ihm blieb also nichts anderes übrig, als es sich mit seiner Decke mitten auf einem der Felder bequem zu machen.

Die Nacht war kühl und völlig klar. Fasziniert sah er zum glitzernden Sternenhimmel auf. ‚Ob dort oben wohl auch irgendwo Menschen leben?', fragte er sich. Natürlich war es unmöglich, darauf eine Antwort zu finden, aber wer weiß: Vielleicht gab es auf einem der Sterne ebenfalls einen kleinen Buddha, der auf einem Feld lag und sich genau in diesem Moment dieselbe Frage stellte ...

Als er früh am nächsten Morgen erwachte, hatte er Mühe aufzustehen. Sein Rücken fühlte sich an, als wäre er eingefroren! Der Boden war viel zu hart und viel zu kalt gewesen – dort, wo sein Bodhi-Baum stand, wurde es selbst im Winter nicht so kalt. Er streckte und reckte und schüttelte sich, doch der Schmerz wollte nicht weichen. Also versuchte er, das unangenehme Gefühl zu ignorieren, wenn auch mit wenig Erfolg. Erst nachdem er einige Stunden gegangen war, tat sein Rücken nicht mehr weh – allerdings nur, weil das alte Leiden durch ein neues verdrängt worden war: Statt seines Rückens schmerzten ihn nun die Füße vom vielen Wandern. Außerdem knurrte sein Magen. Aber weit und breit war kein Pferdewagen in Sicht, der ihn hätte mitnehmen können. In Momenten wie diesen fand er es überhaupt nicht lustig, ein Reisender zu sein. Doch Schmerzen und Hunger hin oder her – er musste weitergehen.

Während er sich mit kleinen Schritten dem Gebirge näherte, dachte er über die Geschichte nach, die ihm der Gärtner erzählt hatte. ‚Nicht festhalten, sondern loslassen …‘ Anstatt also in Selbstmitleid zu versinken, versuchte er, so gut es ging, seinen Gedanken freien Lauf zu lassen. Er ließ das Leiden zu, denn er konnte es schließlich nicht wegzaubern, aber er konzentrierte sich nicht darauf. Und tatsächlich: Nach und nach störten ihn seine schmerzenden Füße und der knurrende Magen immer weniger. Natürlich hatten sich seine Probleme nicht in Luft aufgelöst, doch neben den Schmerzen und dem Hunger war auch wieder Platz für andere Gefühle und Gedanken und so nahm die Intensität des Leidens ab.

Kurz vor Sonnenuntergang erreichte er einen Brunnen, an dem er ausgiebig seinen Durst stillen konnte. Neben dem Brunnen war auf einem Wegweiser zu lesen, dass es bis zum nächsten Ort noch fast zehn Kilometer waren – bei Tageslicht würde er dort nicht mehr ankommen. Ratlos schaute er sich um. Da fiel sein Blick auf ein alleinstehendes sehr altes Haus ganz in der Nähe. Vielleicht konnte er dort die Nacht verbringen? Mit neuem Mut legte er den kurzen Weg zu dem Haus zurück und klopfte an die alte Holztür. Stille. Er klopfte erneut, dieses Mal etwas fester. Wieder nichts. Als er zum dritten Mal gegen die Tür pochte, quietschte und knarrte es auf einmal und bevor er sich versah, löste sich die Tür aus den Angeln und krachte vor ihm auf den Boden. Vor Schreck blieb ihm fast das Herz stehen. Erst nach einer ganzen Weile setzte er einen Fuß auf die Schwelle und betrat vorsichtig durch den leeren Türrahmen das Haus. Alles war voller Staub und außer einigen Spinnen lebte hier offensichtlich niemand – er war in einer verlassenen Ruine gelandet.

Draußen war es mittlerweile fast dunkel und daher beschloss der kleine Buddha, die Ruine zu seinem Nachtquartier zu machen. Er schob die umgefallene Tür in eines der Zimmer, pustete den Staub weg und legte sich mit seiner Decke auf dieses provisorische Bett. Wenig später schlief er erschöpft ein.

Am nächsten Morgen erwachte er mit den ersten Sonnenstrahlen, kletterte von seinem Lager und wollte sich schon auf den Weg machen, als er plötzlich ein langes

‚Krrratsch' vernahm. Ruckartig blieb er stehen, doch es war zu spät.

„Oh, oh ..." Er blickte an seinem Gewand hinunter. Bis hinauf zu seinem Bauchnabel war es in zwei Teile gerissen! Der alte Stoff war an einem Nagel der kaputten Tür hängengeblieben und hatte dem Zug nicht standgehalten. Notdürftig verknotete der kleine Buddha die verbliebenen Fetzen, doch es war klar, dass er seine Reise so nicht fortsetzen konnte. Was sollte er tun? Da fiel ihm der Wegweiser wieder ein, den er am Vorabend gesehen hatte. Hatte dort nicht gestanden, dass das nächste Dorf nicht weit entfernt war? Dort würde er bestimmt etwas Neues zum Anziehen finden.

Nach knapp zwei Stunden Fußmarsch erreichte er den kleinen Ort. Sein Hunger war inzwischen so groß, dass er als Allererstes irgendwo etwas zu essen auftreiben musste. Glücklicherweise fand er schnell einen großzügigen Besitzer eines Wirtshauses, der ihn zu einem leckeren Frühstück einlud. Der kleine Buddha bot ihm an, als Gegenleistung die Küche sauber zu machen, doch der Wirt schüttelte nur freundlich lachend den Kopf.

„Einem jungen Menschen auf der Durchreise helfe ich immer gerne."

Der kleine Buddha lächelte dankbar.

„Weißt du zufällig, wo ich einen neuen Umhang bekommen kann? Mein alter ist vorhin leider kaputtgegangen."

„Ja, hier im Dorf gibt es einige Läden."

Der Wirt zögerte kurz.

„Aber wenn du etwas wirklich Besonderes möchtest, dann empfehle ich dir, die fleißige Weberin zu besuchen. Sie macht die schönsten und weichsten Stoffe, die du dir vorstellen kannst."

Der kleine Buddha war begeistert von dem Vorschlag und ließ sich erklären, wie er sie finden konnte. Die Werkstatt der Weberin lag am Dorfrand und bestand aus einem zur Straße hin offenen Raum. An den Wänden standen Regale, die vollgepackt waren mit den unterschiedlichsten Garnen und Wollbündeln, und in den Ecken lagen Rollen mit bereits fertigen Stoffen. Als Erstes fiel dem kleinen Buddha die unglaubliche Farbenvielfalt im ganzen Raum auf. Sie gab ihm ein warmes Gefühl.

Die Weberin saß an ihrem Webstuhl und arbeitete. Obwohl sie beim Zusammenführen der verschiedenen Fäden hoch konzentriert war, strahlte sie große Ruhe aus.

„Guten Tag", sagte der kleine Buddha.

„Guten Tag", antwortete die Weberin. „Was kann ich für dich tun?"

Er zeigte auf die verknoteten Fetzen, die an ihm herunterhingen.

„Ich brauche einen neuen Umhang."

„Da bist du hier genau richtig. Was für einen Umhang möchtest du denn haben?"

„Genau den Gleichen wie diesen."

„In Orange?"

„Ja, aber vielleicht mit einem etwas besseren Stoff. Mir wurde gesagt, dass du ganz besonders weiche Stoffe webst."

„Das kann ich gerne machen. Wann brauchst du ihn denn?"

„So bald wie möglich, denn den hier kann ich nicht mehr lange tragen, bevor er völlig auseinanderfällt."

„Also einige Tage musst du schon warten. Ich habe noch eine große Arbeit zu Ende zu bringen."

Sie überlegte einen Moment. „Wäre übermorgen in Ordnung?"

Nun war es der kleine Buddha, der nachdenken musste. Eigentlich hatte er vorgehabt, noch am selben Tag seine Reise fortzusetzen. Aber er war natürlich nicht der einzige Kunde der Weberin und er sah auch ein, dass man einen schönen Stoff nicht in Windeseile herstellen kann. Sicherlich würde er irgendwo für ein paar Tage eine Unterkunft finden.

„Ja, übermorgen ist in Ordnung. Eine Sache wäre da allerdings noch: Ich habe kein Geld ..."

„Hast du denn Zeit?", fragte die Weberin daraufhin.

„Zeit habe ich ganz viel."

„Gut. Was hältst du dann davon, wenn du mir zwei Tage hier hilfst? Als Bezahlung für deinen Umhang."

„Das mache ich gerne", freute sich der kleine Buddha.

Die Frau kam hinter ihrem Webstuhl hervor und reichte ihm die Hand.

„Abgemacht!"

Während die Weberin sich wieder ihrer Arbeit widmete, begann der kleine Buddha, die Regale aufzuräumen und alle Garne neu zu sortieren. Hin und wieder drehte er sich zu der Weberin um und beobachtete sie hinter ihrem Webstuhl. Sie sah sehr zufrieden aus bei ihrer Arbeit.

„Warum hast du diesen Beruf gewählt?“, wollte er von ihr wissen.

„Weil ich schon als Kind fasziniert war von Kleidern und Farben. Als ich älter war, bin ich bei einer Meisterin in die Lehre gegangen und von Anfang an war ich begeistert von dieser Arbeit.“

„Ist es denn schwer, einen schönen Stoff zu weben?“

„Schwer nicht, aber man muss schon so einiges wissen. Zum Beispiel wie der Webstuhl funktioniert und wie man neue Muster entwirft. Manchmal ist die Arbeit auch sehr anstrengend – oft sitze ich hier von früh morgens bis spät in die Nacht hinein. Ich kann mir nur einen Tag in der Woche freinehmen, ansonsten könnte ich gar nicht alle Bestellungen erledigen.“

Sie stand auf, um eine der Spulen zu wechseln. Nachdem sie den neuen Faden eingezogen hatte, redete sie weiter, ohne den Blick von ihren Händen und dem langsam wachsenden Stoff zu nehmen.

„Ich liebe mein Handwerk! Natürlich ist es auch herausfordernd und manchmal verzweifle ich fast, wenn ich an einem sehr komplizierten Muster arbeite. Aber meistens bereitet mir das Spiel mit den Farben und den verschiedenen Materialien große Freude. Und weißt du was?“

Der kleine Buddha schaute sie gespannt an.

„Beim Weben entsteht sogar Musik! Es sind hölzerne Töne mit einem sanften, gleichmäßigen Rhythmus, der mir hilft, meine Gedanken frei fließen zu lassen. Für mich ist es wie Meditation."

Ein Lächeln huschte über das Gesicht des kleinen Buddha. In der Tat: Es gibt viele Möglichkeiten, zu meditieren. Letzten Endes geht es doch nur darum, einen Weg zu finden, die volle Aufmerksamkeit dem jetzigen Moment zu schenken.

Den ganzen Tag über kamen Menschen mit neuen Aufträgen und Wünschen. Der Mann, der am frühen Abend kam, schien sich allerdings nicht sonderlich für die Stoffe zu interessieren. Er brachte der Weberin einen großen Blumenstrauß und die beiden unterhielten sich eine ganze Weile. Beide lachten viel und immer wieder schauten sie sich mit leuchtenden Augen an.

„War das dein Ehemann?", fragte der kleine Buddha, als der Mann gegangen war.

„Nein."

„Warum hat er dir denn dann Blumen geschenkt?"

„Weil er gerne mein Ehemann sein würde", antwortete sie knapp.

Schon schwirrte dem kleinen Buddha die nächste Frage durch den Kopf, doch bevor er etwas sagen konnte, wechselte die Weberin das Thema.

„Wo übernachtest du eigentlich?"

Er zuckte mit den Schultern.

„Wenn du willst, kannst du hier schlafen."

„Danke, das ist nett von dir."

Schweigend setzten sie ihre Arbeit fort. Als die letzten Lichter im Dorf gelöscht wurden, verabschiedete sich die Weberin, nahm die Blumen und ging nach Hause. Der kleine Buddha blieb alleine zurück. Während er seinen Schlafplatz herrichtete, fragte er sich, was es wohl mit dem männlichen Besucher auf sich gehabt hatte – aus irgendeinem Grund hatte die Weberin nicht mit ihm darüber sprechen wollen. Vielleicht ging es ihn aber auch einfach nichts an. Er legte sich hin, müde von dem langen Tag, und schlief kurz darauf zwischen den vielen bunten Wollknäueln ein.

Es war noch nicht richtig hell draußen, da saß die Weberin schon wieder hinter ihrem Webstuhl und kreuzte fleißig die Fäden. Der kleine Buddha war ebenfalls früh aufgestanden, gönnte sich aber erst einmal in Ruhe eine Tasse Tee. Anschließend machte auch er sich an die Arbeit. Die Regale hatte er bereits fertig aufgeräumt. Seine nächste Aufgabe bestand darin, neues Garn auf leere Spulen aufzuwickeln.

Erst am Mittag machten sie eine Pause, um zu essen und sich kurz auszuruhen. Dann webten und wickelten sie weiter und dabei verging die Zeit wie im Fluge.

Als die Sonne bereits so tief stand, dass sie in den Raum hineinschien, kam erneut ein Mann mit Blumen zu Besuch. Der kleine Buddha guckte ganz verdutzt, denn es war nicht derselbe Mann wie vom Vortag. Wieder redete die Weberin eine Weile mit dem Besucher und wieder schauten sie sich mit leuchtenden Augen an. Eine halbe Stunde musste der kleine Buddha warten, dann war er mit der Weberin alleine und konnte endlich versuchen, das Geheimnis aufzulösen.

„Kommt jeden Tag ein anderer Mann und bringt dir Blumen?"

„Nein, nicht jeden Tag. Und es sind auch nur die beiden, die du gesehen hast."

„Will der Mann von heute auch dein Ehemann sein?"

„Ja, ich glaube schon."

Die Weberin lächelte verlegen.

„Darfst du denn zwei Ehemänner haben?"

„Nein, natürlich nicht."

Der kleine Buddha überlegte einen Moment.

„Und wenn du dürftest, hättest du dann gerne zwei?"

„Ich weiß nicht. Ich glaube, für zwei Ehemänner hätte ich gar keine Zeit!"

Sie mussten beide lachen.

„Aber im Ernst: Die Situation ist leider nicht so einfach. Ich habe beide zur gleichen Zeit kennengelernt und ..."

Sie war sich nicht sicher, ob sie ihm die Wahrheit sagen sollte. Doch der kleine Buddha ahnte ohnehin schon, was ihr passiert war.

„Du hast dich in beide verliebt, oder?"

„Ja, und sie haben sich auch beide in mich verliebt. Deswegen bringen sie mir Blumen und andere Geschenke."

Der kleine Buddha musste an die Frau des Holzfällers denken. Manchmal waren die Dinge im Leben einfach schlecht verteilt: Die eine bekam Blumen von zwei verschiedenen Männern, die andere bekam gar keine.

„Weißt du“, fuhr die Weberin fort, „ich habe mich ja nicht absichtlich in beide verliebt. Es ist einfach so passiert.“

„Gibt es denn nicht einen, in den du mehr verliebt bist?“

„Das versuche ich auch herauszufinden, aber bis jetzt kann ich mich für keinen entscheiden. Und bevor ich es vergesse: Bitte sage niemandem etwas davon! Wenn das herauskommt, gibt es ein großes Drama im Dorf.“

„Ja natürlich, ich sage nichts.“

Wem hätte er auch etwas davon erzählen sollen? Er war ja sowieso nur auf der Durchreise.

„Wissen deine beiden Verehrer auch nicht, dass du dich in sie beide verliebt hast?“

„Nein!“ Die Weberin schüttelte energisch den Kopf.

„Und was ist, wenn sie eines Tages gleichzeitig mit Blumen bei dir auftauchen?“

„Das wäre eine Katastrophe! Daran möchte ich gar nicht denken.“

Der kleine Buddha konnte sich gut vorstellen, dass es eine etwas merkwürdige Situation wäre, aber gleichzeitig verstand er nicht, warum die ganze Angelegenheit so kompliziert war.

„Wieso gäbe es eigentlich ein Drama, wenn andere davon wüssten? Du kannst doch nichts dafür, dass du dich in beide verliebt hast.“

„Ja, aber das interessiert niemanden. Man darf sich nur in eine Person verlieben, so war es immer schon und wahrscheinlich wird es auch immer so sein. Und trotzdem frage ich mich: Muss man die Liebe eingrenzen? Kann es nicht sein, dass die Liebe groß genug ist, um sie mit mehreren Menschen zu teilen? Wenn ich nun mal für zwei Männer starke Gefühle habe, dann ist das doch nicht automatisch schlecht, oder?"

Nein, schlimm fand das der kleine Buddha in der Tat nicht. Allerdings fragte er sich, wie wohl die beiden Männer darüber denken würden. Wären sie bereit, ihre Ehefrau mit dem anderen zu teilen?

„Wie würdest du dich denn fühlen, wenn es andersherum wäre? Wenn du dich in einen Mann verliebt hättest, der auch noch eine andere Frau liebt?"

„Das ist eine gute Frage. Ich weiß nicht ... Ich war noch nie in dieser Situation, daher kann ich dir darauf keine Antwort geben."

„Und wenn du versuchen würdest, mit ihnen über deine Gefühle zu sprechen?"

„Ja, daran habe ich auch schon gedacht. Aber ich habe Angst, dass sie wütend werden und ich am Ende niemanden habe. Ich weiß wirklich nicht, was ich tun soll."

Stille machte sich breit. Für eine Weile gingen sie wieder beide schweigend ihrer Arbeit nach. Ein wenig später, kurz bevor sich die Weberin auf den Heimweg machte, sprach der kleine Buddha noch einmal die Sache mit den beiden Männern an.

„Wenn du eine Familie und Kinder haben willst, dann musst du natürlich irgendwann eine Wahl treffen. Aber wenn du keine Eile hast und dich jetzt noch nicht entscheiden kannst, dann warte doch einfach ab. Die Zeit findet immer eine Lösung für alle Probleme."

„Da hast du recht. Vielleicht bin ich noch gar nicht bereit zu heiraten. Oder vielleicht ist keiner der beiden der Richtige für mich. Wer weiß, vielleicht lerne ich noch einen Dritten kennen ..."

# Die dankbare Mutter

Es war kurz vor Mittag, als die Weberin endlich fertig war und dem kleinen Buddha seinen frischgewebten Umhang überreichte. Er legte den alten ab, wickelte den neuen um sich und war sofort begeistert. Man hatte ihm nicht zu viel versprochen.

„Das ist wirklich der schönste und weichste Stoff, den ich je getragen habe!"

Er bedankte sich mehrere Male und ließ seine Hände immer wieder über die wundervollen Fasern gleiten. Mit einem solch außergewöhnlichen Kleidungsstück würde das Reisen bestimmt noch viel mehr Freude machen.

Dann war die Zeit gekommen, einander Lebewohl zu sagen. Die Weberin gab dem kleinen Buddha noch ein Stück Brot und etwas Obst als Proviant mit. Beide hofften, sich eines Tages wiederzusehen, aber ob es tatsächlich so kommen würde, konnte niemand wissen. Viele der Menschen, die man auf seiner Reise durchs Leben trifft, sieht man nie wieder. Oft sind es einmalige Begegnungen und deswegen ist es am besten, die gemeinsamen Momente, so gut es geht, zu genießen. Vor allem dann, wenn man jemanden besonders gerne mag.

Der kleine Buddha verließ das Dorf und marschierte mit seinem neuen Umhang am Leib weiter gen Norden. Noch war die Gegend flach, aber es konnte nicht mehr lange dauern, bis das Gebirge am Horizont auftauchen würde. Er freute sich schon auf den Moment, wenn er zum ersten Mal die hohen, schneebedeckten Bergspitzen zu Gesicht bekommen würde, von denen er bereits so viel gehört hatte.

Ungefähr eine Stunde, nachdem er losgegangen war, erblickte er in einiger Entfernung eine Frau, die in dieselbe Richtung unterwegs war wie er. Sie ging langsam und trug etwas auf ihrem Rücken, aber er konnte nicht erkennen, worum es sich handelte. Als er sie eingeholt hatte, löste sich das Rätsel der Last: In einem dünnen Tuch eingewickelt trug sie ein kleines Kind auf dem Rücken. Es war nur wenige Monate alt und schlief tief und fest.

„Hallo", sagte der kleine Buddha mit leiser Stimme.

Die Frau lächelte ihn freundlich an, ohne etwas zu sagen.

„Wohin gehst du?"

„Nach Hause."

„Ist das weit von hier?"

„Ein Stückchen ist es noch. Ich denke, so zwei oder drei Stunden."

„Und wo kommst du her?"

„Aus dem Dorf. Ich war beim Arzt, weil meine Tochter krank ist."

„Oh, das tut mir leid. Was hat sie denn?"

„Fieber. Sie hat zwei Nächte nicht geschlafen, da habe ich angefangen, mir große Sorgen zu machen. Aber der Arzt meinte, es sei nicht so schlimm. Er hat mir einige

Heilkräuter gegeben und gesagt, dass es ihr bald besser gehen wird."

„Da warst du bestimmt erleichtert, oder?"

„Ja, sehr sogar. Eigentlich hätte ich gar nicht hingehen müssen, aber ich bin trotzdem froh, dass ich den langen Weg auf mich genommen habe. Es hätte ja auch etwas Ernsthaftes sein können. Und bei uns in der Nähe gibt es leider keinen Arzt."

Sie gingen schweigend nebeneinander her. Der kleine Buddha hatte es nicht eilig und beschloss daher, die Frau bis zu ihrem Haus zu begleiten.

„Und du? Woher kommst du und wohin gehst du?", wollte sie nach einer Weile wissen.

„Die letzten Tage habe ich bei der Weberin im Dorf verbracht und davor war ich ein paar Wochen bei einem Freund in seinem wunderschönen Schlossgarten, einige Tagesmärsche südlich von hier. Mein Zuhause ist unter einem großen Bodhi-Baum und jetzt bin ich auf dem Weg in die Berge."

„Du kommst ja ganz schön herum! Was ist denn der Grund für deine Reise?"

„Neugierde! Ich lerne einfach gerne neue Orte und Menschen kennen. Außerdem hat mir jemand vor einiger Zeit eine Frage über die Liebe gestellt. Da ich selbst fast nichts über die Liebe wusste, bin ich losgegangen, um mehr über sie zu erfahren."

„Und was hast du bisher gelernt?"

„Dass die wahre Liebe nicht so einfach zu finden ist und dass man sie, wenn man sie gefunden hat, nicht besitzen kann. Außerdem weiß ich jetzt, dass man Schmetterlinge im Bauch haben kann. Leider habe ich selbst noch nie welche gehabt, aber ich hoffe, dass sich das eines Tages ändern wird."

„Du willst dich verlieben?"

„Ja."

„Darfst du das überhaupt?"

„Warum denn nicht?"

„Na, weil du ein Buddha bist. Buddhas dürfen doch keine Frau haben, oder?"

„Wer sagt das?", fragte er verwundert und fast schon ein wenig empört. „Ich bin doch ein ganz normaler Mensch wie jeder andere auch. Warum soll ich mich nicht verlieben dürfen?"

Die Frau zuckte mit den Schultern. Dann blieb sie stehen und wandte ihren Kopf nach hinten zu ihrem Kind. Ihre Tochter hielt immer noch die Augen geschlossen und atmete ruhig ein und aus. Sie berührte vorsichtig ihre Stirn – das Fieber hatte zum Glück nachgelassen.

Während sie zusammen weitergingen, versuchte sich der kleine Buddha vorzustellen, wie es wohl wäre, wenn er selbst ein Kind hätte. Er hatte noch nie daran gedacht, Kinder zu haben; bis vor Kurzem hatte er noch nicht einmal daran gedacht, eine Frau zu haben.

„Wen liebst du mehr: deine Tochter oder deinen Mann?"

„Das kann man überhaupt nicht vergleichen. Natürlich liebe ich beide, aber auf ganz verschiedene Art und Weise."

„Wie unterscheidet sich denn die Liebe, die du für dein Kind fühlst, von der Liebe, die du für deinen Mann empfindest?"

Sie überlegte einen Moment.

„Ich fürchte, die Liebe zu meinem Ehemann ist vergänglich. Ich hoffe zwar, dass ich ihn immer lieben werde, aber sicher kann ich mir da nicht sein. Mein Kind hingegen werde ich immer lieben, egal was passiert. Außerdem braucht mich mein Kind auch viel mehr als mein Mann. Eigentlich hatte ich heute zum Beispiel gar keine Zeit, den ganzen Tag unterwegs zu sein. Wir haben einen kleinen Bauernhof und da gibt es immer schrecklich viel Arbeit. Aber das Wohlergehen meiner Tochter ist viel wichtiger als ein sauberer Hof oder ein zufriedener Ehemann. Ich will, dass es ihr gut geht, und würde wirklich alles für sie tun."

Die Frau drehte sich erneut zu ihrem Baby um.

„Sie ist wie ein zerbrechlicher Schatz, den ich beschützen muss. Ich würde sogar für sie sterben!"

„Wirklich?"

„Ja. Weißt du, es gibt nichts Schlimmeres, als das eigene Kind leiden zu sehen. Sie ist ein Teil von mir. Wenn sie weint, dann weine ich auch; wenn sie lacht, dann lache ich ebenfalls."

„Bist du denn nie böse auf sie?"

„Doch, natürlich. Aber selbst dann liebe ich sie. Und auch wenn sie nächtelang schreit und ich nicht schlafen kann – es ändert nichts an meinen tiefen Gefühlen für sie. In solchen Momenten ist es fast so, als würde ich sie lieben, ohne es zu wollen. Es ist eine bedingungslose Liebe, die ich so noch nie für einen anderen Menschen empfunden habe."

Sie hielt kurz inne.

„Ich weiß nicht genau, ob du das verstehen kannst, wenn du es selbst noch nicht erlebt hast. Es ist ein einzigartiges, unbeschreibliches Gefühl. Pure Liebe, frei von jeglichen Zweifeln! Und wenn ich ehrlich bin, dann weiß ich gar nicht, ob es überhaupt möglich ist, einen Ehepartner bedingungslos zu lieben. Denn von meinem Mann erwarte ich bestimmte Dinge – wie er mich behandelt, wie er mit anderen umgeht, was er sagt und was er tut und vor allem was er fühlt. Meiner Tochter gegenüber habe ich jedoch keinerlei Erwartungen. Und selbst wenn ich welche hätte und sie diese nicht erfüllt, ich würde sie kein bisschen weniger lieben."

Der kleine Buddha wurde fast ein wenig neidisch. So schön hatte er noch nie jemanden über die Liebe reden gehört.

„Ich weiß, dass mir mein Kind nicht gehört", fuhr die Frau fort, „denn einen Menschen kann man nicht besitzen. Trotzdem fühle ich, dass ich ein kostbares Geschenk bekommen habe. Und für dieses Geschenk bin ich unendlich dankbar."

Die Landschaft wurde allmählich hügeliger, aber von den hohen Bergen war immer noch nichts zu sehen. Als sie den Bauernhof fast erreicht hatten, wurde es schon dunkel. Die Frau lud den kleinen Buddha ein, in ihrem Haus zu übernachten. Gerne nahm er das Angebot an und freute sich wieder darüber, wie vielen herzlichen und großzügigen Menschen er auf seiner Reise begegnete.

Während sie die letzten Meter zurücklegten, ergriff die Frau noch einmal das Wort: „Eines Tages, wenn meine Tochter älter ist, wird sie mich wahrscheinlich verlassen. So, wie fast alle Kinder irgendwann ihr Elternhaus verlassen, um selbständig durchs Leben zu gehen. Und auch wenn ich am liebsten nicht daran denke: Früher oder später wird einer von uns sterben und dann werden sich unsere Wege endgültig trennen. Durch die Geburt meiner Tochter habe ich daher etwas sehr Wertvolles gelernt."

Etwas, über das der kleine Buddha zwar schon längst Bescheid wusste, aber das so wichtig war, dass man nicht oft genug daran erinnert werden konnte.

„Liebe das Leben und sei dankbar für jeden Moment, den du hier bist!"

# Der stumme Imker

Die ganze Nacht über regnete es. Dicke Tropfen fielen zu Boden und es war, als bekäme die Luft einen gründlichen Frühjahresputz. Als der kleine Buddha am frühen Morgen seine Reise fortsetzte, hatten sich die Wolken verzogen und die Sicht war wunderbar klar. Frohen Mutes wanderte er durch ein langgezogenes Tal, vorbei an unzähligen Aprikosenbäumen, die alle in voller Blüte standen. An manchen Stellen sah es so aus, als wäre das ganze Land mit einem hellrosafarbenen Teppich bedeckt. Ein herrlich süßer Duft hing in der Luft, Vögel zwitscherten vergnügt und leichten Schrittes ging er den schmalen Pfad entlang.

Bald erreichte er das Ende des Tals und musste nun einen etwas größeren Hügel hinaufsteigen. Oben angekommen verschlug es ihm den Atem – nicht etwa, weil der Aufstieg so anstrengend gewesen war, sondern weil sich vor ihm die riesige Gebirgskette auftat, von der ihm sein Freund, der Gärtner, erzählt hatte. Die schneebedeckten Gipfel waren zwar noch weit entfernt, aber schon jetzt sahen sie viel gigantischer aus, als er sie sich vorgestellt hatte. Wie mächtige Könige ragten sie in den tiefblauen Himmel!

Der kleine Buddha blieb eine ganze Weile stehen und betrachtete fasziniert das einzigartige Panorama direkt vor seinen Augen. Schließlich setzte er seinen Weg fort, denn er wollte die Berge ja auch aus nächster Nähe kennenlernen.

Ohne Unterbrechung setzte er einen Schritt nach dem anderen, magisch angezogen von dem Wunder der Natur, das sich vor ihm auftürmte. Kurz bevor es dunkel wurde, tat sich am Wegesrand plötzlich eine kleine Höhle auf. Spontan beschloss er, die Nacht dort zu verbringen und sich für den nächsten Tag auszuruhen. Nach einer kurzen Meditation schlief er völlig erschöpft, aber mit einem Lächeln im Gesicht ein.

Die Sonne war noch nicht richtig aufgegangen, da war der kleine Buddha am nächsten Morgen schon wieder unterwegs. Langsam näherte er sich den Gipfeln und doch schienen sie noch unendlich weit entfernt. Das Wandern in den Bergen ist im wahrsten Sinne voller Höhen und Tiefen. Das erkannte der kleine Buddha, denn nach einem steilen Anstieg wurde er stets mit einem atemberaubenden Blick belohnt und anschließend konnte er gemütlich den Berg auf der anderen Seite wieder hinunterspazieren, doch nie dauerte es lange, bis der nächste mühsame Anstieg folgte. ‚Oh nein, schon wieder ein Berg? Das hört ja gar nicht mehr auf!', stöhnte er. Sein Weg glich einem ständigen Auf und Ab, erst hoch hinauf, dann tief hinunter und das Gleiche immer wieder von vorne.

Während er am Vortag noch ohne Unterbrechung durchmarschiert war, musste er nun regelmäßig Pausen einlegen. Es war der bisher anstrengendste Abschnitt seiner Reise, allerdings war es auch einer der schönsten. Er trank Wasser aus kristallklaren Bächen, atmete die frische Gebirgsluft ein und fühlte sich durch die intensive Bewegung so lebendig wie selten zuvor. Steinböcke sah er, riesige Schmetterlinge und sogar einige Adler, die friedlich von einer Bergspitze zur anderen schwebten. Und immer wieder änderte sich die Aussicht – je höher er gelangte, desto beeindruckender wurde sie. Hätte er beschreiben sollen, was seine Augen sahen – er hätte keine Worte dafür gehabt.

Am frühen Nachmittag erreichte er ein Hochplateau. Neben einer großen Wiese mit blühenden Blumen standen einige flach abgesägte Korkeichen und auf einem dieser Baumstümpfe ließ er sich nieder, um sich etwas auszuruhen. Er ließ seinen Blick umherschweifen und gönnte seinen Füßen eine wohlverdiente Pause.

Als sein Atem wieder langsamer ging, vernahm er auf einmal ein leises, aber beständiges Summen. Er sah sich um, konnte aber zuerst nicht erkennen, woher das ungewohnte Geräusch kam. Doch dann bemerkte er einige schwarze Punkte, die über einem der anderen Baumstümpfe durch die Luft flogen. Er erhob sich, um sich die Sache aus der Nähe anzusehen, blieb aber plötzlich wie angewurzelt stehen: In der abgesägten Korkeiche lebte ein ganzer Bienenschwarm! Unzählige der kleinen Tierchen schwirrten umher und gingen fleißig ihrer Arbeit nach. Der kleine Buddha trat vorsichtshalber einige Schritte zurück, stieß jedoch mit dem Rücken gegen etwas. Er fuhr herum und vor ihm stand ein kräftiger Mann mit langen grauen Haaren.

„Du hast mich aber erschreckt“, sagte der kleine Buddha.

Der Mann lächelte ihn wohlwollend an.

„Lebst du hier in den Bergen?“, wollte der kleine Buddha wissen.

Der Mann nickte.

„Und was machst du hier?“

Ohne etwas zu sagen, zeigte der Mann auf die Bienen.

„Ach so, du bist der Imker?“

Wieder nickte der Mann.

Der kleine Buddha wirkte leicht verwirrt, denn er war es nicht gewohnt, nur wortlose Antworten zu bekommen.

„Kannst du nicht sprechen?“

Der Imker schüttelte seinen Kopf. Dann deutete er mit seinen Zeigefingern auf seine beiden Ohren und nickte.

„Du kannst nicht sprechen, aber du kannst hören?“

Genau so war es: Der Imker war stumm, aber zum Glück nicht taub. Der kleine Buddha konnte sich also mit ihm verständigen, indem er ihm Fragen stellte, die mit einem Nicken oder einem Kopfschütteln zu beantworten waren.

„Wohnen alle deine Bienen in dem gleichen Baumstumpf?“

Der Imker schüttelte den Kopf, schwenkte seinen Arm und zeigte auf die anderen Baumstümpfe rundherum.

„Gibt es etwa auch Bienen in dem, auf dem ich eben gesessen habe?“

‚Natürlich', gab der Imker mit einem lächelnden Nicken zu verstehen.

„Aber gerade eben habe ich gar keine gesehen."

Nun zeigte der Mann zu der Wiese.

„Aha, sie sammeln gerade Nektar, richtig?"

Er nickte. Die Wiese war ein Meer aus bunten Blüten, für die Bienen musste es das Paradies auf Erden sein. Der kleine Buddha nahm sich vor, so viele Blumen wie möglich zu pflanzen, sobald er zu seinem Bodhi-Baum zurückkehren würde. Denn je mehr Blumen es gab, desto glücklicher waren die Bienen und der kleine Buddha liebte es, andere glücklich zu machen – ob es sich dabei um Menschen oder um Bienen handelte, war ihm egal. Jedes Lebewesen hatte schließlich ein Recht darauf, glücklich zu sein.

„Wie viele Bienen leben in jedem Baumstumpf?", wollte er wissen. „Hundert?"

Der Imker zog die Augenbrauen zusammen und schüttelte den Kopf.

„Tausend?"

Wieder schüttelte er den Kopf.

„Mehr als tausend? Zehntausend?"

Es waren sogar noch mehr als zehntausend in jedem Baumstumpf. Der kleine Buddha kam aus dem Staunen nicht heraus und schwieg einige Momente.

„Sind Bienen eigentlich gefährlich?"

Er bekam ein Schulterzucken zur Antwort.

„Heißt das ja oder nein?"

Wieder zuckte der Imker mit den Schultern. Vielleicht wusste er es selber nicht? Aber nein, das konnte sich der kleine Buddha nicht vorstellen, schließlich verbrachte der Imker viel Zeit mit den Bienen.

„Stechen sie dich nie?"

Der stumme Mann hob seine Hand und deutete dem kleinen Buddha an, einen Moment zu warten. Dann näherte er sich dem einen Bienenschwarm und zog dabei eine wütende Grimasse. Anschließend schüttelte er seinen Arm, so als wäre er gestochen worden.

„Ich verstehe", stellte der kleine Buddha fest. „Wenn du wütend oder nervös bist, greifen sie dich an."

Der Imker nickte. Dann näherte er sich erneut dem Bienenschwarm, dieses Mal mit einem liebevollen Lächeln im Gesicht. Als er den abgesägten Baumstumpf erreicht hatte, kniete er sich hin und streckte behutsam seinen Arm aus. Eine der Bienen landete auf seiner nackten Haut, dann noch eine und noch eine. Es dauerte nicht lange, da war sein ganzer Arm von den schwarz-gelben Tierchen bedeckt. Der kleine Buddha starrte ihn mit offenen Mund an und war nun ebenfalls sprachlos. Er konnte mit eigenen Augen sehen, was möglich war, wenn man keine Angst hatte und stattdessen dem Leben mit Vertrauen und Liebe gegenübertrat.

Nach einer Weile wischte sich der Imker die Bienen ganz sachte wieder vom Arm. Dann erhob er sich und holte aus einem am Wegesrand stehenden Korb eine silberne Kanne. Er nahm den Deckel ab und pustete einige Male hinein. Kurz darauf stieg Rauch aus der Kanne auf. Wieder näherte sich der Imker dem Baumstumpf und blies jetzt vorsichtig einige Rauchschwaden in das Ausflugloch, das sich in Bodennähe befand. Dann schob er ein flaches Stück Holz beiseite, das oben auf dem ausgehöhlten Stamm lag, und pustete auch dort Rauch hinein. Nachdem er die Kanne auf dem Boden abgestellt hatte, griff er mit der Hand direkt in den Bienenstock. Der kleine Buddha kniff die Augen zu – ob das wohl gut gehen würde? Doch der Imker wusste natürlich genau, was er tat. Nur einige Sekunden später holte er mit seiner völlig unversehrten Hand eine Honigwabe heraus, von der dickflüssiges, dunkles Gold triefte. Dann schob er das Holzstück wieder über die Öffnung, wandte sich dem kleinen Buddha zu und reichte ihm den kostbaren Schatz der Bienen.

„Kann ich das einfach so essen?"

Seine Frage wurde mit einem weiteren Nicken beantwortet. Also tunkte der kleine Buddha seinen Finger in die klebrige Masse und steckte ihn sich genüsslich in den Mund. Er schloss die Augen und konnte kaum glauben, was sich auf seiner Zunge abspielte.

„Das ist der beste Honig, den ich je gekostet habe!"

Nachdem er sich vergewissert hatte, dass bei den anderen Bienenstöcken alles in Ordnung war, nahm der Imker den kleinen Buddha mit zu sich nach Hause. Der Weg führte sie durch einen kleinen Zedernwald und bald erreichten sie eine Holzhütte, wo der Imker zusammen mit seiner Frau lebte.

Während der Imker sogleich in dem hinteren Zimmer seine Arbeitsgeräte aufräumte, wurde der kleine Buddha von seiner Frau begrüßt. Voller Begeisterung berichtete er ihr von seiner Begegnung mit dem Bienenvolk. Vor allem der Moment, als der ganze Arm des Imkers von den summenden Tieren bedeckt gewesen war, hatte ihn tief berührt.

„Obwohl sie alle einen giftigen Stachel haben, waren sie ganz friedlich."

„Von Natur aus sind es ja auch friedliche Wesen", sagte die Frau. „Weißt du, Bienen sind sehr sensible Tiere – sie spüren, ob jemand Angst hat oder ihnen wehtun will oder ob er mit guten Absichten kommt. Sie verstehen zwar nicht, was ein Mensch sagt, aber sie nehmen seine Gefühle wahr und können darauf reagieren."

Sie hielt kurz inne: „Und selbst wenn es unbewusst passiert – auch der Mensch nimmt die Gefühle von anderen Menschen wahr. Wenn wir auf unsere innere Stimme hören, dann bedarf es keiner Worte, um zu wissen, ob uns jemand mag oder nicht, ob er ehrlich ist oder uns anlügt, ob er liebt oder hasst."

Wieder herrschte einen Moment lang Stille.

„Möchtest du einen Tee?", erkundigte sich die Frau.

„Ja, gerne."

Die Frau verschwand in der Küche, um Wasser aufzusetzen. Im selben Moment betrat der Imker den Raum und reichte dem kleinen Buddha ein Blatt Papier, das auf beiden Seiten mit einer schönen Handschrift vollgeschrieben war.

„Was ist das?“, wollte der kleine Buddha wissen. „Eine Geschichte?“

Ja, es war eine Geschichte.

„Hast du sie geschrieben?“

Der Imker nickte gleichmütig mit dem Kopf, als wollte er sagen, dass es nicht wichtig war, wer die Geschichte geschrieben hatte. Und so begann der kleine Buddha einfach zu lesen.

*Vor langer Zeit lebte eine Königin mit ihrer Tochter in einem fernen Land. Die Tochter war wunderschön und hatte zahlreiche Verehrer. Als sie alt genug war, um zu heiraten, sollte sie sich ihren zukünftigen Mann aussuchen. Die Prinzessin wählte drei der Verehrer aus, aber sie konnte sich nicht entscheiden, welcher von ihnen wohl der beste Ehemann wäre. Also bat sie ihre Mutter um Hilfe. Die Königin ließ die drei Männer auf den königlichen Hof kommen und stellte ihnen eine Aufgabe: „Geht in den Wald und bringt meiner Tochter frischen Honig!“*

*Am nächsten Tag zogen die Verehrer los. Noch am selben Abend fand der erste einen kleinen Bienenstock. Langsam näherte er sich an, Schritt für Schritt. Doch dann stach ihn eine Biene mitten auf die Nase. Erschrocken wandte sich der Mann um und rannte, als ob es um sein Leben ginge. Ohne Honig kam er am Palast an und überbrachte der Prinzessin die enttäuschende Nachricht.*

*Der zweite Mann hatte ebenfalls den kleinen Bienenstock gesehen, doch er wollte der Prinzessin gleich ein ganzes Fass mit Honig bringen. So setzte er seine Suche fort und nach einigen*

*Tagen fand er tatsächlich einen riesengroßen Bienenstock. Mutig marschierte er darauf zu, doch auch er wurde im Gesicht gestochen. Da erfasste ihn eine große Wut und er begann wild um sich zu schlagen. Durch seine hektischen Bewegungen wurde das gesamte Bienenvolk aufgescheucht und während er noch versuchte, den begehrten Honig einzusammeln, griffen ihn immer mehr Bienen an, denn sie wollten ihr Heim verteidigen. Völlig übersät mit Stichen, gab er schließlich auf und kehrte mit leeren Händen zu der Prinzessin zurück. Er konnte von Glück sagen, dass er überhaupt lebend aus dem Wald herausgefunden hatte.*

*Auch der dritte Verehrer fand einen Bienenstock, weder zu groß noch zu klein. Vorsichtig näherte er sich, doch auch er wurde gestochen. Anstatt jedoch in Panik wegzulaufen oder die Bienen anzugreifen, setzte er sich in einiger Entfernung auf einen umgefallenen Baum und wartete. Er beobachtete das fleißige Treiben der kleinen Tierchen und überlegte, wie er ihr Vertrauen gewinnen könnte. Schließlich hatte er eine Idee: An einem Bach füllte er eine alte Baumrinde mit Wasser und stellte diese neben den Bienenstock. Schon bald fingen die Bienen an, ihren Durst zu löschen. Mehrere Tage verbrachte der Mann in unmittelbarer Nähe des Bienenvolks. Immer wieder brachte er den Bienen frisches Wasser und wartete geduldig, in der Hoffnung, dass sie ihn bald nicht mehr als Gefahr ansehen würden. Und tatsächlich: Nach einer Woche näherte er sich ihnen behutsam und keine der Bienen stach ihn. Sie gingen einfach ihrer Arbeit nach und ließen es sogar zu, dass er sich etwas von ihrer süßen Nahrung nahm. Er bedankte sich bei den Bienen und kehrte mit einem vollen Glas Honig zum Palast zurück.*

*Schon in der folgenden Woche fand die Hochzeit statt und von da an lebte die Prinzessin glücklich mit ihrem Mann zusammen.*

*Einige Jahre später fragte die Prinzessin ihre Mutter, woher sie gewusst hatte, dass die Prüfung mit der Honigsuche helfen würde, den richtigen Ehemann auszusuchen.*

*„Die Liebe ist wie ein Bienenschwarm", sagte die Königin daraufhin. „Sie kann dich verletzen, dich sogar töten – sie kann dir aber auch den süßesten Honig geben, den du je gegessen hast. Um den Honig zu bekommen, darfst du nicht gierig sein und den Bienen alles wegnehmen wollen. Du musst sie gut behandeln und sie stets respektieren. Und du darfst keine Angst davor haben, dass dir wehgetan wird. Ansonsten rennst du bei dem ersten Stich davon ..."*

# Der magische See

Wieder einmal hatte der kleine Buddha Glück gehabt und war genau im richtigen Moment am richtigen Ort gewesen. Durch die Begegnung mit dem stummen Imker hatte er nicht nur die Bienen aus nächster Nähe kennengelernt, sondern er hatte auch eine Unterkunft für seine Zeit in den Bergen gefunden.

Der Imker und seine Ehefrau freuten sich über den Besuch, denn sie konnten nur selten Gäste in ihrer Hütte willkommen heißen. Selbst ihre engsten Freunde besuchten sie kaum – zu weit war das nächste Dorf entfernt und zu mühselig war der steile Weg hinauf zu ihrer Berghütte. Also nutzten sie die Gelegenheit und verwöhnten ihren Gast mit frischen Tees aus ihrem Kräutergarten und mit dick beschmierten Honigbroten, von denen der kleine Buddha gar nicht genug bekommen konnte.

Tagsüber nahm ihn der Imker mit auf die Wiesen des Hochplateaus und zeigte ihm, wie er mit den Bienenvölkern arbeitete. Der kleine Buddha schaute ihm dabei stets aufmerksam und fasziniert zu. Er überlegte ernsthaft, selbst ein paar Bienenstöcke in der Nähe seines Bodhi-Baums aufzustellen, sobald er wieder nach Hause kam. Als Buddha sollte er zwar eigentlich versuchen, für keinerlei Dinge ein starkes Verlangen zu entwickeln, denn durch das Verlangen vergrößert sich auch immer das Leiden. Wenn man nicht bekommt, was man will, ist man unzufrieden und selbst wenn man es dann hat, macht sich schnell die Angst breit, es wieder zu verlieren. Doch der Honig war schlicht und einfach zu lecker – vielleicht konnte er eine kleine Ausnahme machen ...

Abends verbrachten sie gemütliche Stunden gemeinsam vor dem offenen Kamin. Die Frau des Imkers erzählte oft Geschichten über das Leben in den Bergen und berichtete von den täglichen Herausforderungen, von der harten Arbeit, der Einsamkeit und den langen Wintern. Gleichzeitig schwärmte sie aber auch von der himmlischen Ruhe hier oben im Gebirge; voller Begeisterung sprach sie von grenzenloser Freiheit und von der wilden Natur, die sie jeden Tag aufs Neue verzauberte.

Der kleine Buddha genoss die wohltuende Gesellschaft in vollen Zügen. Doch nach einigen Wochen verspürte er Lust, auch wieder Zeit alleine zu verbringen. Also wandte er sich eines Abends an seine Gastgeber und erkundigte sich nach einer schönen Route für einen Tagesausflug. Die Frau beschrieb ihm einen Weg, der ihn, so sagte sie, zu einem ganz außergewöhnlichen Ort führen würde. Was ihn dort genau erwartete, wollte sie nicht verraten, aber allein schon das Wort ‚außergewöhnlich' hatte genügt, um den kleinen Buddha neugierig zu machen. Am nächsten Morgen stand er früh auf, packte etwas zu essen in seine Umhängetasche und brach kurz nach Sonnenaufgang auf.

Anfangs spazierte der kleine Buddha entspannt durch den Wald, doch schon bald war es vorbei mit der Gemütlichkeit. Der Weg wurde immer holpriger und immer steiler und es war kein Ende in Sicht! Der kleine Buddha schnaufte und kämpfte sich Meter um Meter weiter nach oben. Immer wieder musste er Halt machen und sich den Schweiß aus den Augen wischen. Allmählich fragte er sich, ob die Frau ihn auf einen der gigantischen Gipfel hatte schicken wollen. Mit Sicherheit wäre die Aussicht dort oben außergewöhnlich, aber wie um alles in der Welt sollte er das schaffen? Schließlich war er kein Bergsteiger, sondern nur ein ganz normaler Wanderer.

Mittlerweile hatte er die Baumgrenze hinter sich gelassen und sein Weg war von nichts als dichtem Gestrüpp und rauen Felswänden gesäumt. Er war kurz davor, aufzugeben und umzukehren, als der Weg auf einmal flacher wurde. Und dann, fast wie aus dem Nichts, lag sein Ziel plötzlich genau vor ihm: ein riesiger Gebirgssee!

„Wie schön!", rief er voller Begeisterung. Der überwältigende Anblick ließ ihn die Strapazen des Anstiegs auf der Stelle vergessen.

Der See schimmerte in strahlendem Blau und die Oberfläche war so glatt, dass sich die Bergspitzen und die weißen Wolken vollkommen darin spiegelten. Minutenlang rührte sich der kleine Buddha nicht von der Stelle und bewunderte voller Demut das einzigartige Kunstwerk, das die Natur an diesem nur schwer zugänglichen Ort geschaffen hatte.

Es war wie so oft im Leben: Die schönsten Schätze liegen gut versteckt und können nur entdeckt werden, wenn man bereit ist, die eigene Bequemlichkeit zu überwinden.

Von der anstrengenden Kletterpartie lief ihm immer noch der Schweiß die Stirn und den Rücken hinunter. Es war ein herrlicher Spätfrühlingstag, die Sonne schien und fast kein Wind war zu spüren – eigentlich beste Bedingungen, um ein erfrischendes Bad zu nehmen. Er wollte schon anfangen, seinen Umhang auszuziehen, als er vorsichtshalber doch seinen dicken Zeh in das Wasser hielt. Erschrocken zuckte er zurück – der See war eiskalt! ‚Wie schade', dachte er, denn das Wasser sah doch so einladend aus. Doch wenn er ganz in das eiskalte Wasser eintauchte, dann würde ihm bestimmt vor Kälte das Herz stehen bleiben. Statt also schwimmen zu gehen, erfrischte er sich das Gesicht mit dem kalten Wasser und ließ sich dann in Ufernähe auf einem flachen Stein nieder.

Nachdem er die imposante Landschaft eine lange Weile auf sich hatte wirken lassen, schloss der kleine Buddha die Augen und begann zu meditieren. Er konzentrierte sich auf seinen Atem und beobachtete, wie die frische Luft langsam und gleichmäßig in seine Nase hinein und wieder hinaus strömte. Wie jedes Mal gelang ihm dies für einige Momente gut, doch dann fiel eine Armee von willkürlichen Gedanken in seinen friedlichen Geist ein.

Zuerst wollten ihn die Bilder der wundervollen Berglandschaft ablenken. Dann knurrte sein Magen und er musste an das köstliche Honigbrot denken, das in seiner Tasche darauf wartete, gegessen zu werden. Er nahm die Gedanken zur Kenntnis, kehrte aber sogleich wieder zu seinem Atem zurück. Doch kurz darauf ging es weiter: das

Gespräch vom Vortag, was hatte die Frau noch gesagt? Und der Rückweg, würde er wohl wieder heil den Berg hinunterkommen? Dann dachte er auf einmal an die Liebe, an alles, was er bisher über sie gelernt hatte. Wieder zurück zum Atem. Stille. Dann wieder das Honigbrot, das doch so lecker war. Und Durst hatte er auch. Dann wieder die Liebe – was, wenn er sich nicht verlieben konnte? Dabei würde er doch so gerne erleben, wie es sich anfühlt, wenn Schmetterlinge durch seinen Bauch fliegen. Bilder drängten in seinen Kopf: die Bienen im Bienenstock, sein Bodhi-Baum, der blaue See. Doch halt! Einatmen, ausatmen. Ein und aus, ein und aus. Dann meldete sich plötzlich sein rechter Fuß zu Wort, der eingeschlafen war. Anschließend wieder das Honigbrot, die Liebe, Berge, Durst – so ging es munter weiter.

Da er schon viele Jahre meditierte, wusste der kleine Buddha, dass er die Gedanken nicht einfach abschalten konnte. Sein Geist war ein leidenschaftlicher Wanderer, genau wie er selbst. Das Einzige, was er tun konnte, war, die Gedanken nicht festzuhalten, sondern sie frei umherziehen zu lassen und dann immer wieder die Konzentration auf seinen Atem zu lenken. Denn im Gegensatz zu den Gedanken ist der Atem nie in der Vergangenheit oder der Zukunft. Er ist wie ein sicherer Hafen der Gegenwart und genau darauf kommt es an: immer wieder zurückzukommen ins Hier und Jetzt!

Nach und nach verloren die Gedanken an Kraft und es fiel dem kleinen Buddha zunehmend leicht, das Ein- und

Ausatmen zu beobachten. Dann wurde auf einmal alles ganz still, in seinem Kopf und auch um ihn herum. Ein Gefühl von tiefem Frieden breitete sich in ihm aus, wie er es nur selten zuvor erlebt hatte. Es war, als würden die schneebedeckten Gipfel eine schützende Hand über diesen besonderen Augenblick legen und jegliche Art von Lärm und Ablenkung von ihm fernhalten.

Der kleine Buddha hatte keine Ahnung, wie lange dieser Augenblick andauerte, aber es kam ihm vor wie eine kleine Ewigkeit. Erst als er in der Ferne die Laute einiger Bergziegen vernahm, öffnete er langsam wieder die Augen. Wie in Trance starrte er noch eine ganze Weile auf den glatten See und verspürte dabei eine tiefe Zufriedenheit. Was für ein Glück er doch hatte, dass er so viele einzigartige Momente erleben durfte.

Nach einem ausgedehnten Picknick beschloss er, einmal um den See herumzuwandern. Nach ungefähr der Hälfte des Weges gelangte er an einen Felsen, der einige Meter über den See hinausragte. Er wagte sich bis an den äußeren Rand vor, setzte sich vorsichtig hin und ließ seine Beine in der Luft baumeln.

Wieder musste er an seine bisherigen Erlebnisse mit der Liebe denken. Warum wohl waren die Menschen so besessen davon, jemanden zu finden, den sie lieben konnten?

Ihr ganzes Glück schien davon abzuhängen. War es nicht auch möglich, ohne einen Partner glücklich zu sein? Schließlich wird der Mensch auch alleine geboren und sterben muss er auch alleine. Mit Sicherheit ist es wunderschön, das Leben mit jemandem zu teilen, den man gerne mag. Aber hat es einen Sinn, traurig zu sein, nur weil man alleine ist? Ist es nicht viel besser zu wissen, dass man auch ohne eine andere Person glücklich sein kann?

Nachdenklich erhob er sich und sein Blick fiel nach unten auf das kristallklare Wasser. Und dann, während er auf der Oberfläche des Sees sein Spiegelbild betrachtete, wurde ihm mit einem Mal klar, woher die Liebe kam – nämlich tief aus seinem Inneren!

Die einzige Person, mit der er immer zusammen sein würde, war er selbst. Folglich war es doch am wichtigsten, zuallererst sich selbst zu lieben. Denn wie soll man jemand anderem Liebe schenken können, wenn man keine Liebe für sich selbst übrig hat?

Der kleine Buddha hob den Kopf und ließ seinen Blick umherschweifen. Ein trockener See wäre nicht in der Lage, auch nur einen Tropfen Wasser abzugeben. Weder den Tieren noch den Menschen, weder den Flüssen noch den Wolken. Schlimmer noch: Ohne Wasser ist jeder See tot.

Und ohne Selbstliebe ist niemand glücklich.

Den ganzen Tag verbrachte er am Ufer und darüber vergaß er völlig die Zeit. Erst als es langsam dunkelte, fiel ihm ein, dass er noch einen langen Weg zurück zur Hütte des Imkers vor sich hatte. Hastig ergriff er seine Tasche und gerade wollte er losgehen, da bemerkte er ein weißes Glitzern auf der Wasseroberfläche. Sein Blick wandte sich nach oben und da sah er, wie der leuchtende Vollmond zwischen den Gipfeln emporstieg. Sein Herz begann zu glühen und er verspürte ein Gefühl unendlicher Dankbarkeit. Sogar eine kleine Träne kullerte seine Wange hinunter.

Es war wahrhaftig ein außergewöhnlicher Ort. Ein magischer See, geheimnisvoll gelegen zwischen majestätischen Bergen.

# Die heilenden Hände

Es war schon lange finster, als der kleine Buddha endlich die Hütte erreichte. Der Imker und seine Frau hatten sich bereits Sorgen gemacht, denn nachts können die Berge schnell zu einem heimtückischen Labyrinth werden – vor allem für jemanden, der sich nicht gut auskennt. Voller Erleichterung begrüßten sie ihren Gast, der unversehrt und mit fröhlichem Gesicht ihre Hütte betrat.

Der kleine Buddha setzte sich noch eine Weile mit an den Kamin und berichtete den beiden von seinem wundervollen Ausflug an den magischen See. Er erzählte ihnen, wie er sein Spiegelbild betrachtet hatte und dadurch zu der Erkenntnis gelangt war, dass man niemanden lieben kann, ohne sich selbst zu lieben. Seine beiden Gastgeber lächelten zustimmend, denn sie selbst waren auch schon oft an dem See gewesen und hatten dort Ähnliches erfahren. Manchmal kam es ihnen so vor, als wäre jeder Tropfen des Sees mit unendlicher Weisheit gefüllt.

Eine lange Zeit saßen alle drei ganz ruhig da; die einzige Bewegung im Raum war das sanfte Flackern des Feuers. Irgendwann suchte der stumme Imker den Blick des kleinen Buddha. Offensichtlich wollte er ihm etwas in seiner Zeichensprache sagen. Er verschränkte die Arme vor seiner Brust, hob kurz die rechte Hand und streckte anschließend beide Arme nach vorne. Der kleine Buddha dachte angestrengt nach, doch ihm fiel einfach nicht ein, was das bedeuten sollte. Hilfesuchend sah er zu der Frau hinüber.

„Er sagt, dass Liebe bedeutet, sich für jemanden Zeit zu nehmen", übersetzte sie für ihn. „Denn Zeit ist das kostbarste Gut, das wir mit einem anderen Menschen teilen können."

„Also bedeutet Selbstliebe, dass ich mir selber Zeit schenke", schlussfolgerte der kleine Buddha.

„Genau. Man braucht nämlich Zeit, um sich selbst kennenzulernen und herauszufinden, was die eigenen Stärken und Schwächen sind. Jeder Mensch hat gute und schlechte Seiten und diese gilt es zu entdecken. Denn nur, wenn man weiß, wer man wirklich ist, kann man lernen, sich voll und ganz zu akzeptieren. Ohne Akzeptanz aber gibt es keine Liebe – weder für sich selbst noch für jemand anderen."

Sie hielt kurz inne und fuhr dann fort: „Außerdem ist es wichtig, dass man sich ab und zu etwas Gutes tut. Zum Beispiel so, wie du das heute gemacht hast: einen Tag alleine in der freien Natur verbringen. Oder meditieren, sich ein leckeres Essen zubereiten oder sich massieren lassen."

Der kleine Buddha begann zu träumen. „Eine Massage ... Das stelle ich mir herrlich vor!"

„Willst du mir etwa sagen, dass du noch nie massiert worden bist?"

Traurig schüttelte der kleine Buddha den Kopf. „Wer hätte mich denn bisher auch massieren sollen? Mein Freund, der Bauer? Nein, der hat andere Sachen zu tun."

Mitleidig sah ihn die Frau an. „Ich kann mir ein Leben ohne Massagen gar nicht vorstellen. Mein Mann und ich, wir massieren uns oft gegenseitig. Da er stumm ist, haben wir gelernt, uns auf andere Art und Weise zu verständigen. Und glaube mir: Das Sprechen mit den Händen ist viel kraftvoller, als Worte je sein könnten. Außerdem gibt es Dinge, die man mit Worten einfach nicht beschreiben kann. Vor allem bei der Liebe ist das so – man muss sie fühlen und das geht am besten, wenn man den Körper sprechen lässt!"

Für einige Momente herrschte wieder Stille.

„Weißt du was?", fragte die Frau plötzlich. „Mir fällt ein, dass uns morgen meine Schwester besuchen kommt. Sie ist eine wahre Künstlerin mit ihren Händen! Vielleicht kann sie dich auch einmal massieren."

„Wirklich? Meinst du, das würde sie tun?"

„Ja, warum nicht."

„Hat sie denn keinen Mann?"

„Nein. Und selbst wenn sie einen hätte: Eine Massage bedeutet doch nicht, dass dich jemand gleich heiraten will."

Da hatte sie auch wieder recht, dachte sich der kleine Buddha.

„Wenn sie morgen kommt, werde ich sie fragen, ob sie dir die erste Massage deines Lebens gibt."

Sofort erhellte sich sein Gesicht vor Vorfreude. „Das wäre großartig!"

Am nächsten Tag, kurz nach Mittag, erreichte die Schwester der Imkerfrau die Berghütte. Alle drei Wochen kam sie, um neuen Honig zu holen, den sie dann in ihrem kleinen Dorfladen verkaufte. Die Imkerfrau nahm ihre Schwester zur Seite und berichtete ihr von dem Gespräch vom Vorabend.

Lächelnd erklärte diese sich einverstanden, den kleinen Buddha zu massieren, wenn sie auch nicht viel Zeit hatte, denn sie musste noch am gleichen Tag wieder in ihr Dorf zurückkehren.

Als der kleine Buddha wenig später das hintere Zimmer der Hütte betrat, traute er seinen Augen nicht. Er hatte eine dunkle Kammer erwartet, doch er fand das genaue Gegenteil vor: ein geräumiges Zimmer mit einem großen Fenster, das die warme Nachmittagssonne hineinließ. Einige Räucherstäbchen brannten und verbreiteten einen wohltuenden Duft. An der Wand neben ihm hing ein wunderschönes Gemälde einer Lotusblume. Die Schwester der Imkerfrau stand am Fenster und begrüßte ihn mit einer Verbeugung. Dann zeigte sie auf zwei weiße Schaffelle, die nebeneinander auf dem Holzboden lagen.

„Soll ich mich da drauf legen?"

„Du kannst auch gerne stehen bleiben", schmunzelte die Frau, „aber eine Massage macht mehr Spaß, wenn man liegt."

Der kleine Buddha lächelte verlegen. Er freute sich natürlich, dass er nun zum ersten Mal massiert werden sollte, aber er war auch etwas nervös, denn er wusste nicht, was ihn genau erwartete.

„Deinen Umhang musst du bitte ausziehen."

„Wirklich?"

„Ja. Keine Angst, wenn dir kalt wird, habe ich hier eine warme Decke."

Die Kälte war allerdings das Letzte, worüber sich der kleine Buddha Sorgen machte. Er war noch nie von einer Frau am ganzen Körper berührt worden, und schon gar nicht direkt an der nackten Haut. Für einen Moment zögerte er, doch dann zog er seinen Umhang aus und legte sich mit dem Bauch nach unten mitten auf die beiden Schaffelle. Er hatte keinen Grund, der Frau nicht zu vertrauen – bestimmt hatte alles seine Richtigkeit.

„Zuerst auf den Rücken legen."

‚Na gut', dachte er und war froh, dass er wenigstens sein schmales Lendentuch hatte anbehalten dürfen.

Die Frau merkte, dass der kleine Buddha doch einigermaßen verunsichert war. Also begann sie die Massage damit, zuerst einmal nur mit ihren warmen Händen seine Füße zu umfassen und sich dabei mit ihm zu unterhalten.

„Weißt du, es ist wichtig, dass man andere Menschen berührt. Egal, ob du jemanden umarmst, eine Massage bekommst oder einfach nur mit jemandem die Hand hältst."

„Meine Freunde umarme ich manchmal, aber meistens bin ich alleine."

„Dann solltest du sie öfter umarmen, wenn du mit ihnen zusammen bist."

Sie schwieg einen Moment und begann, sachte seine Füße zu massieren.

„Zugegebenermaßen ist es einfacher unter Frauen – Männer haben leider ein Problem damit, sich gegenseitig zu berühren. Wenn sie nicht verheiratet sind, dann haben sie fast nie mit anderen Menschen Körperkontakt. Dadurch kann man sich sehr einsam fühlen, findest du nicht?"

Darüber hatte der kleine Buddha noch nie nachgedacht. Aber die Frau hatte recht: Wenn er einen Freund innig umarmte, war es unmöglich, dass er sich einsam fühlte.

„Warum ist es denn einfacher für Frauen, sich zu berühren?", wollte er wissen.

„Das ist eine gute Frage. Ich glaube, Männer denken zu viel. Folglich spielt sich ihr Leben mehr im Kopf ab, wohingegen Frauen ein größeres Bedürfnis nach Sinnlichkeit haben. Aber natürlich gibt es da auch viele Ausnahmen, nicht jeder Mann und nicht jede Frau sind genau gleich."

Langsam ließ sie ihre Hände über die Waden des kleinen Buddha gleiten, bis hinauf zu seinen Knien und dann auf der anderen Seite wieder zurück zu den Füßen. Nach einer Weile setzte sie sich in eine andere Position.

Als sie seine Oberschenkel berührte, zuckte der kleine Buddha kurz zusammen.

„Nicht denken, fühlen! Verlasse deinen Kopf – den brauchst du jetzt nicht!"

Während sie anfing, behutsam seine Muskeln zu massieren, versuchte der kleine Buddha, seine Aufmerksamkeit auf seinen Körper zu richten.

„Was spürst du?"

Er holte einige Male tief Atem und beobachtete das Empfinden in seinen Beinen. Nach und nach gelang es ihm, sich zu entspannen und die ungewohnte Berührung zu genießen. Die warmen Hände der Frau kneteten seine Oberschenkel wie einen Brotteig durch und je länger sie dies tat, desto weicher schienen seine Muskeln zu werden.

„Das fühlt sich fantastisch an. Bitte mach weiter!"

Die Frau lächelte, doch das konnte der kleine Buddha nicht sehen, denn er hatte schon längst seine Augen geschlossen und tauchte immer tiefer und tiefer in seinen Körper ein.

Nach einer Weile wechselte sie zu den Händen und massierte die einzelnen Finger, die Handflächen und die Handgelenke. Dann kamen die Unterarme dran, die Ellbogen und die Oberarme und schließlich der Bauch und der Brustkorb.

„So, und jetzt bitte einmal umdrehen."

Ganz langsam rollte sich der kleine Buddha zuerst auf die Seite und machte es sich dann auf dem Bauch bequem. Während er halb in Trance da lag, hörte er, wie die Frau eine Flasche aufschraubte.

„Erschrecke dich nicht, das wird jetzt kurz kalt werden."

Bevor er fragen konnte, was sie vorhatte, spürte er auch schon, wie etwas auf seinen nackten Rücken tropfte.

„Was ist das?"

„Ein ganz besonderes Öl, das sich hervorragend zur Massage eignet."

„Öl? Was denn für Öl?"

„Schwarzes Sesamöl, vermischt mit etwas Sandelholz. Es wird dir helfen, dich noch mehr zu entspannen."

Die Frau begann, das Öl mit sanften Bewegungen auf seinem Rücken zu verteilen. Immer wieder ließ sie ihre geschmeidigen Hände zwischen seinen Schultern und über seinen Rücken hin und her gleiten, hinauf und hinunter. Das herrlich duftende Öl verlor dabei schnell seine anfängliche Kälte und bald kam es dem kleinen Buddha vor, als würden warme Wellen über seine Haut streichen. Spätestens als die Frau auch noch anfing, ganz leise eine wunderschöne Melodie vor sich hinzusummen, war es um ihn geschehen. Seine letzten Gedanken lösten sich auf und er ließ sich endgültig in das Reich der Sinne fallen. Er spürte alle Zellen in seinem Körper, wie sie friedlich schwebten und miteinander verschmolzen, wie sie zum Rhythmus der heilenden Hände tanzten und in purem Glück versanken. Und dann hörte plötzlich die Zeit auf zu existieren und der kleine Buddha wurde eins mit dem Moment.

Als er wieder zu sich kam, saß die Frau mit halb

geschlossenen Augen neben ihm. Er starrte sie an, unfähig, das gerade Erlebte in Worte zu fassen. Es war auch nicht nötig, dass er etwas sagte – die Frau konnte genau nachempfinden, wie er sich fühlte. Erst nach einigen Minuten beendete er sein Schweigen.

„Wow, wie schön!" Ungläubig schüttelte er den Kopf und setzte sich auf.

„Ich hätte nie gedacht, dass eine Massage so etwas bewirken kann. Wo hast du das gelernt?"

„Bei einer alten Meisterin; vor vielen Jahren hat sie ihre Heilkunst an mich weitergegeben. Aber eigentlich ist es nicht schwer: Du brauchst lediglich etwas Übung – und ganz viel Herzenswärme!"

Sie reichte dem kleinen Buddha ein Glas Wasser. Dieser war immer noch ganz überwältigt von der gerade erlebten Erfahrung.

„Es war, als wäre ich mit allem verbunden!"

„Das bist du ja auch", sagte die Frau, während sie aufstand, um sich allmählich wieder auf den Weg zu machen. „Wir alle sind mit allem verbunden, immer – nur meistens sind wir uns dessen nicht bewusst. Es kommt uns so vor, als wären wir völlig unabhängige Wesen, die ganz alleine durchs Leben schreiten, dabei sind wir überhaupt nicht alleine."

„Vielleicht ist es das, was wahre Liebe bedeutet", überlegte der kleine Buddha. „Eins zu sein mit allen Menschen, mit allen Tieren und Pflanzen und Steinen und mit allem, was es gibt."

Die Frau lächelte und freute sich, denn der kleine Buddha hatte verstanden, was sie ihm hatte sagen wollen: Eine der größten Illusionen im Leben ist das Gefühl der Trennung.

# Der einsame Mönch

Einige Tage blieb er noch bei dem Imker und dessen Ehefrau. Dann spürte der kleine Buddha, dass es allmählich Zeit wurde, seine Reise fortzusetzen.

„Wo zieht es dich denn als Nächstes hin?"

„Ich glaube, ich werde langsam wieder in Richtung meines Bodhi-Baums gehen." „Vermisst du dein Zuhause?", wollte die Frau wissen. „Ja, manchmal, aber das ist nicht weiter schlimm. Ich bin allerdings schon einige Monate unterwegs und das genügt mir." „Du weißt aber hoffentlich, dass du so lange bei uns bleiben kannst, wie du willst."

„Das ist nett, danke!"

Für einen Moment dachte der kleine Buddha über die Möglichkeit nach, seinen Aufenthalt in den Bergen tatsächlich noch etwas zu verlängern. Doch dann schüttelte er den Kopf.

„Ich habe schon wieder so viele neue Leute kennengelernt und neue Erfahrungen gemacht, das muss ich erst einmal alles in Ruhe verarbeiten. Außerdem ist meine Reise ja auch noch nicht zu Ende – wer weiß, was ich auf dem Heimweg noch alles erleben werde."

Am nächsten Morgen packte er also seine Decke und etwas Proviant ein und verabschiedete sich von seinen wundervollen Gastgebern.

„Ich bin froh, dass ich euch getroffen habe und dass wir Zeit miteinander verbringen konnten. Kommt mich doch auch mal besuchen, ihr seid jederzeit herzlich willkommen."

Der stumme Imker und seine Frau lächelten.

„Eigentlich verreisen wir nie, aber wer weiß ..."

Zum Abschied umarmten sie sich herzlich und hofften, dass es irgendwann, irgendwo ein Wiedersehen geben würde. Dann wandte sich der kleine Buddha um und war wieder auf dem Weg.

Es war ein herrlicher Frühlingstag mit strahlend blauem Himmel und angenehmen Temperaturen. Fröhlich pfeifend marschierte er gen Westen, die große Gebirgskette rechts neben sich und vor ihm das nächste, noch unbekannte Kapitel seiner Reise.

Anfangs führte der schmale Pfad über einige steile Hügel, sodass er wieder kräftig ins Schwitzen geriet. Doch bald hatte er das Schlimmste hinter sich und musste sich nicht mehr so sehr anstrengen. Der Weg schlängelte sich fast die ganze Zeit bergab, vorbei an bunten Blumenwiesen, durch schattige Wälder und über kleine Bäche, die frisches Quellwasser hinunter ins Tal trugen.

Nachdem er am späten Nachmittag eine längere Rast eingelegt hatte und gerade wieder unterwegs war, bemerkte der kleine Buddha über den Gipfeln dunkle Wolken aufziehen. Sogleich erinnerte er sich an die Worte der Imkerfrau, die ihn davor gewarnt hatte, dass sich das Wetter im Gebirge schlagartig ändern konnte. Über ihm war der Himmel jedoch strahlend blau und windstill war es auch – er konnte sich daher überhaupt nicht vorstellen, dass ihn die Wolken einholen würden. Unbekümmert und frohen Mutes wanderte er weiter.

Ungefähr eine Stunde später machte er erneut eine kleine Pause und dachte darüber nach, wo er wohl am besten die Nacht verbringen könnte. Wahrscheinlich war es am einfachsten, unter einem Baum zu schlafen, wie er es so oft tat. Bis zum Einbruch der Nacht hatte er allerdings noch etwas Zeit. Bevor er weiterging, beugte er sich über den vor ihm fließenden Bach, um sich das Gesicht zu erfrischen. Mit geschlossenen Augen genoss er das kühle Wasser, das langsam über seine Haut lief. Doch dann wurde er plötzlich von einem lauten Donner aus seinen Träumen gerissen. Erschrocken drehte er sich um: Die Berge waren hinter einer schwarzen Wolkenwand verschwunden, dunkle Wolken kamen schnell näher. Wieder donnerte es, nur wenige hundert Meter entfernt zuckte ein Blitz. Der kleine Buddha sprang auf, nahm seine Tasche und rannte los. Vielleicht konnte er dem Unwetter entkommen, wenn er nur schnell genug war. Doch sein verzweifelter Versuch war vergeblich: Keine fünf Minuten später trafen ihn schon die ersten Regentropfen. Der Wind wurde mit jedem Moment stärker und kälter und der Himmel war mittlerweile fast so dunkel wie die Nacht. Immer wieder donnerte es und direkt hinter sich hörte er sintflutartige Regenfälle zu Boden rauschen. Er wagte noch nicht einmal, sich umzudrehen, sondern lief, so schnell er konnte, den Pfad entlang.

Das Nachtlager unter einem Baum aufzuschlagen war jetzt keine gute Idee mehr – er würde völlig durchnässt werden, frieren und womöglich auch noch vom Blitz getroffen. Allmählich bekam er es mit der Angst zu tun. Wohin sollte er laufen? Wo konnte er sich in Sicherheit bringen?

Er blieb einen Moment stehen, atmete tief durch und sah sich um. Da! Zwischen einigen Bäumen sah er etwas Weißes hindurchschimmern. Vielleicht gab es dort eine Möglichkeit, den Sturm abzuwarten. Er rannte los und erreichte wenig später ein kleines Gebäude. Welch Glück!

Das Haus war aus flachen Steinen gemauert und von der Spitze des dunkelroten Daches hingen bunte, wild im Wind wehende Gebetsflaggen. Es musste sich um ein Kloster handeln. Der kleine Buddha wollte gerade anklopfen, als er sah, dass die Tür nur angelehnt war. Im selben Moment begann es heftig zu regnen und so beschloss er, das Haus einfach zu betreten.

Vor ihm öffnete sich ein großer, sehr dunkler Raum, der völlig leer zu sein schien. Erst als sich seine Augen an die schlechten Lichtverhältnisse gewöhnt hatten, konnte er in der hinteren Ecke einen kleinen Altar erkennen, auf dem eine einsame Kerze brannte. Neben dem Altar saß ein Mönch, in eine dicke Wolldecke eingehüllt. Nur sein kahler Kopf schaute aus der Decke hervor. Vorsichtig trat der kleine Buddha auf ihn zu und verbeugte sich höflich.

„Verzeih bitte, dass ich hier so hereinplatze", sagte er, „aber ich bin von dem Sturm überrascht worden."

„Du bist willkommen und kannst die Nacht gerne hier bleiben."

„Danke!", entgegnete der kleine Buddha sichtlich erleichtert. Er packte seine Decke aus, wickelte sich ein und setzte sich auf ein Kissen, das auf dem Boden lag. Der Mönch nahm unterdessen die Kanne, die neben ihm stand, füllte eine kleine Tasse mit Tee und reichte sie seinem Besucher.

„Hier, aber vorsichtig, er ist noch sehr heiß."

Einige Momente saßen sie schweigend voreinander und hörten dem Regen zu, der laut auf das Dach prasselte.

„Wohnst du hier?"

„Ja."

„Ganz alleine?"

Der Mönch nickte. Er sah den kleinen Buddha freundlich an, doch da waren auch Spuren von tiefer Traurigkeit in seinem Gesicht zu erkennen. Vor allem in seinen Augen.

„Wie kommt es denn, dass du hier ganz alleine lebst?", fragte der kleine Buddha, neugierig wie er war.

„Das ist eine lange Geschichte."

„Möchtest du sie mir erzählen?"

Der Mönch zögerte. Eigentlich redete er nicht gerne über sein persönliches Leben, schon gar nicht mit Fremden. Doch obwohl sie sich erst vor wenigen Minuten begegnet waren, fühlte er, dass der kleine Buddha anders war als die meisten Menschen, die er kannte. Aus irgendeinem Grund spürte er starkes Vertrauen zu ihm.

„Gut. Aber sei gewarnt: Es ist keine schöne Geschichte."

Während draußen der Sturm tobte, erzählte er also dem kleinen Buddha, warum er ganz alleine in einem Kloster lebte.

„Als ich noch ein junger Mann war, habe ich eine wunderhübsche Frau kennengelernt. Für uns beide war es Liebe auf den ersten Blick – wir wussten sofort, dass wir zusammengehören. Bald darauf haben wir geheiratet, sind in ein gemeinsames Haus gezogen und haben einige Jahre in vollkommenem Glück verbracht. Dann merkte ich irgendwann, dass etwas nicht stimmte. Meine Frau rückte immer weiter von mir ab und schließlich kam der Tag, an dem sie mir offenbarte, dass sie mich nicht mehr liebte. Und als ob das allein nicht schon tragisch genug gewesen wäre, hatte sie sich zu allem Überfluss auch noch in einen anderen Mann verliebt.

Ich wusste überhaupt nicht, wie mir geschah, und verstand die Welt nicht mehr. Wie konnte es sein, dass ihre Liebe für mich aufgehört hatte zu existieren? Ich selbst liebte sie doch noch genau so wie am ersten Tag, nein, noch mehr sogar! Ich wollte und konnte es einfach nicht wahrhaben. In den Wochen nach unserer Trennung war ich anfangs oft sehr wütend, denn ich fühlte mich betrogen. Doch schon bald wich die Wut einer unendlichen Trauer und ich fiel in ein tiefes schwarzes Loch – es kam mir so vor, als wäre meine Frau gestorben. Nichts hatte mehr Sinn und mein armes Herz schmerzte so sehr, dass ich es kaum aushalten konnte. Ich versuchte, meinen Kummer im Alkohol zu ertränken, doch das machte alles nur noch schlimmer. Einige Male dachte ich sogar daran, meinem Leben ein Ende zu setzen, aber zuerst fehlte mir der Mut und dann kamen Zweifel auf: Was, wenn sie plötzlich zu mir zurückkehren würde und alles so sein könnte wie zuvor? Monatelang überlebte ich nur dank dieser winzig kleinen Hoffnung.

Doch es änderte sich nichts, so sehr ich es mir auch wünschte. Ich wurde immer trauriger und das Leben im Dorf wurde zu einer Qual. Jedes Mal, wenn ich einem glücklichen Paar begegnete, schrie mein gebrochenes Herz laut auf und fügte mir unendliche Schmerzen zu. Schließlich konnte ich es nicht mehr ertragen und fasste den Entschluss, mich vom weltlichen Leben zurückzuziehen: Ich ging in ein großes Kloster und wurde Mönch. Vielleicht, so dachte ich, würde Gott meine Wunden heilen können. Doch auch Gott schaffte es nicht, mein Leiden zu lindern. Schlimmer noch: Ich sah, wie zufrieden die anderen Mönche waren, und dadurch ging es mir selbst immer schlechter. Ich musste von dort weggehen, so weit wie möglich, an einen Ort, wo ich mit meiner Trauer alleine sein konnte. Also zog ich umher, bis ich dieses verlassene Kloster fand. Fast fünf Jahre ist das nun her und seitdem lebe ich in völliger Einsamkeit, fernab von jeglicher Zivilisation."

Stille.

„Das ist in der Tat keine schöne Geschichte", stellte der kleine Buddha ernüchternd fest. „Geht es dir in der Einsamkeit denn jetzt wenigstens etwas besser?"

„Nein, ich glaube nicht. Ich weiß jedoch nicht, was ich sonst tun soll. Ich vermisse meine Frau immer noch, aber ich kann sie natürlich nicht zwingen, mich zu lieben. Das einzige Gute hier oben in den Bergen ist, dass ich nicht ständig von anderen daran erinnert werde, wie schön es ist, geliebt zu werden und glücklich zu sein."

„Ich kann mir vorstellen, dass es schwer war, die Frau, die du so sehr liebst, zu verlieren. Aber vielleicht vermisst du in Wirklichkeit nicht die Person, sondern das Gefühl, das sie dir gegeben hat."

Der Mönch dachte kurz nach.

„Das mag sein, aber was ändert das an meiner Situation?"

„Na ja, deine Frau kannst du zwar nicht ersetzen, aber vielleicht gibt es irgendwo jemand anderen, der dir Liebe schenken kann."

„Ja, vielleicht ... Aber selbst wenn: Meine Erfahrung hat mir leider gezeigt, dass Liebe letzten Endes doch nur zu Leiden führt."

„Soll das heißen, dass du dich nie mehr verlieben willst?"

Wieder schwieg der Mönch für einige Momente.

„Ich glaube einfach nicht, dass ich noch einmal so einen besonderen Menschen treffen werde. Außerdem bin ich mir nicht sicher, ob ich überhaupt in der Lage wäre, mich noch einmal zu verlieben. Weißt du, ich habe so viel getrauert und dabei so viele Tränen vergossen, dass sich eine unsichtbare Kruste um mein Herz gebildet hat. Wie eine Ritterrüstung schützt sie mich vor weiterem Schmerz – gleichzeitig lässt sie aber auch keine schönen Gefühle mehr herein."

Ein lauter Donner brachte das Dach des Klosters zum Erzittern. Immer noch regnete es unaufhörlich, immer noch tobte der Sturm über ihren Köpfen.

„Kannst du die Rüstung denn nicht wieder ablegen?"

„Ich weiß nicht ... Mein Herz sehnt sich zwar nach Liebe und Zuneigung und Zärtlichkeit, aber es fühlt sich auch sehr zerbrechlich an. Ich hätte Angst davor, wieder verletzt zu werden, wieder der Enttäuschung tief in die Augen sehen zu müssen ..."

Der kleine Buddha merkte, wie die Schwermut seines Gegenübers langsam zu ihm hinüberschwappte. Mit einem Mal taten ihm alle Menschen leid, die verliebt sein wollten, es aber nicht waren. Er fühlte ihren Schmerz, ihr Verlangen und ihre schreckliche Einsamkeit. Wahrscheinlich oder nein, ganz sicher sogar gibt es niemanden auf der Welt, der nicht den innigen Wunsch nach Verbundenheit verspürt. Selbst diejenigen, die an der Liebe zweifeln, suchen sie – und mehr als alle anderen brauchen sie sie. Denn ein Leben ohne Liebe, ja, was ist das für ein Leben? Kein Licht und keine Wärme, immer nur Dunkelheit und eisige Kälte.

Während der Mönch neuen Tee einschenkte, begann der kleine Buddha zu überlegen, wie er ihn ermutigen könnte, die schwere Rüstung abzulegen. Welche Worte würden helfen, ihm seine überwältigende Angst zu nehmen und die elende Einsamkeit zu durchbrechen? Natürlich war die Situation alles andere als einfach und auch der kleine Buddha besaß kein Allheilmittel für jedes Problem. Aber er wollte es wenigstens versuchen. Es musste doch etwas geben, was er sagen konnte, um die ausgetrocknete Hoffnung des Mannes zu neuem Leben zu erwecken?

Schließlich kam ihm eine Idee.

„Magst du Blumen?"

Der Mönch schaute ihn verwundert an und nickte.

„Jeder mag doch Blumen."

„Und hast du schon einmal eine verwelkte Blume gesehen?"

„Selbstverständlich. Warum willst du das wissen?", fragte der Mönch leicht irritiert.

„Um dir zu zeigen, dass es völlig normal ist, dass eine Blume nicht ewig blüht. Sie kann noch so schön sein, irgendwann verliert sie ihre Blätter und stirbt. So lange sie blüht, schenkt sie dir viel Freude, doch dann hört sie eines Tages auf zu blühen und kann dir nichts mehr geben. Die Blume meint das nicht böse, es ist einfach der Lauf der Dinge. Vielleicht bist du traurig, weil es eine besonders schöne Blume war – gleichzeitig solltest du aber auch dankbar sein für die schönen Momente, die sie mit dir geteilt hat. Und zum Glück gibt es ja auch noch Samen: Sie wachsen zu kleinen Pflanzen heran, die dann anfangen, Knospen zu tragen und sich bald in neue Blumen zu verwandeln."

Allmählich verstand der Mönch, was ihm der kleine Buddha sagen wollte.

„Und du meinst, mit der Liebe ist es das Gleiche?"

„Nein, nicht das Gleiche, aber so ähnlich. Nur weil die eine Blume verwelkt, bedeutet das nicht, dass keine anderen Blumen blühen. Natürlich ist jede Blume einzigartig, du darfst also nicht erwarten, genau dieselbe erneut zu finden. Aber es gibt schließlich Millionen von Blumen – es wäre absurd zu denken, dass keine dabei ist, in die du dich verlieben kannst. Es kann schon sein, dass es eine Weile dauert, die richtige zu finden, aber wenn du geduldig bist und nicht aufgibst, dann wüsste ich nicht, warum es nicht klappen sollte. Allerdings musst du dafür die verwelkte Blume weglegen und mit freien Händen durchs Leben gehen."

„Und was ist, wenn ich eine neue Lieblingsblume finde und sie dann irgendwann auch wieder von mir geht? Darüber haben wir doch eben auch schon gesprochen: Dann beginnt das Leiden wieder von vorne."

„Ja, das stimmt, aber ich fürchte, daran kann man nichts ändern. Das Leben, und ich denke, dazu gehört auch die Liebe, ist nun einmal vergänglich. Nichts wird ewig andauern – wenn du das nicht akzeptierst, dann wirst du in der Tat viele Schmerzen ertragen müssen."

Beide schwiegen für eine Weile und lauschten dem Sturm, der immer noch wild um das Haus fegte. Seine letzten Worte taten dem kleinen Buddha ein wenig leid, denn er wusste, dass der Mönch lieber etwas anderes gehört hätte. Doch es war die Wahrheit – hätte er ihn anlügen sollen?

„Die Vergänglichkeit hat aber auch eine gute Seite", fuhr er schließlich fort, „denn auch die Schmerzen und die Trauer und all die schlechten Zeiten werden nicht ewig andauern."

„Ich weiß", sagte der Mönch, „trotzdem tut mein Herz auch jetzt immer noch weh."

Der kleine Buddha sah ihn mitfühlend an.

„Vielleicht musst du deiner ehemaligen Frau erst richtig vergeben, bevor du sie loslassen kannst. Und vielleicht musst du auch dir selbst vergeben, für all die Schmerzen, an denen du dich so lange festgehalten hast."

Er hielt einen Moment inne.

„Wenn du dein Herz von der Last der Vergangenheit befreist, dann kann es sich wieder für eine neue Liebe öffnen."

„Und wie soll ich das machen?"

„Du musst gar nichts machen. Du musst dir nur bewusst werden, dass alles, was war, schon lange nicht mehr existiert. Die Vergangenheit ist eine Geschichte, mehr nicht. Sie lebt nur in deinen Gedanken."

„Also soll ich aufhören zu denken?"

„Nein, nicht aufhören. Aber versuchen, öfter an etwas anderes zu denken: an das Hier und Jetzt!"

Sie redeten noch bis spät in die Nacht hinein, begleitet von den trommelnden Regentropfen. Irgendwann fielen ihnen die Augen zu. Kurz bevor er einschlief, drehte sich der kleine Buddha noch einmal zu dem Mönch um.

„Ob wir wollen oder nicht, Schmerzen und Trauer gehören zum Leben dazu. Eines darfst du aber nie vergessen: Hinter jeder noch so großen Wolkendecke befindet sich immer blauer Himmel!“

# Die großzügige Köchin

Am nächsten Morgen waren die Wolken weitergezogen. Es herrschte friedliche Frühlingsstimmung und es war schwer zu glauben, dass nur wenige Stunden zuvor an gleicher Stelle ein gewaltiger Sturm getobt hatte. Manchmal konnte sich das Wetter wirklich schnell ändern – genauso wie auch sonst alles im Leben.

Der kleine Buddha wünschte dem Mönch alles Gute, dann setzte er seine Reise fort. Der Weg führte jetzt die ganze Zeit bergab, sodass der kleine Buddha mit leichten Schritten zügig vorankam. Die Sonne wärmte seine Haut und überall blühte die Natur in ihrer ganzen Pracht – lange konnte es nicht mehr dauern, bis der Sommer Einzug halten und der dunkle Winter nur noch eine ferne Erinnerung sein würde.

Während er den immer flacher werdenden Pfad entlangspazierte, dachte der kleine Buddha an seine Heimat, die nur noch einige Tagesmärsche entfernt war. Auf der einen Seite kam es ihm so vor, als hätte er seinen Bodhi-Baum schon eine halbe Ewigkeit nicht mehr gesehen; andererseits hatte er das Gefühl, als wäre er erst gestern losgegangen. Eine Mischung aus Melancholie und Vorfreude stieg in ihm auf: Er bedauerte, dass seine Reise langsam dem Ende zuging, gleichzeitig konnte er es aber kaum noch erwarten, endlich wieder nach Hause zu kommen.

Als er am späten Nachmittag die große Tiefebene erreichte, legte er eine längere Rast ein. Er meditierte eine Weile und gönnte sich sogar ein kleines Nickerchen, denn trotz aller Vorfreude auf sein Zuhause hatte er es nicht eilig. Nachdem er sich ordentlich ausgeruht hatte, setzte er seine Wanderung fort. Er war bereits einige Minuten unterwegs, da fiel ihm plötzlich ein, dass er etwas Wichtiges vergessen hatte. Er blieb stehen, drehte sich um und dann verabschiedete er sich mit einem dankbaren Lächeln von seinen neuen Freunden: den Bergen.

Nachdem er die Nacht in einer verlassenen Scheune verbracht hatte, kam er gegen Mittag des nächsten Tages an einem kleinen Haus vorbei. Auf der überdachten Terrasse standen ein gedeckter Tisch und zwei Bänke und neben der Eingangstür hing ein großer Topf über einem lodernden Feuer. Aus dem Topf stieg ein köstlicher Duft auf, der den kleinen Buddha daran erinnerte, dass er seit dem Vortag nichts mehr gegessen hatte. Während sein Magen wild zu knurren begann, trat auf einmal eine alte Frau aus dem Haus und begrüßte ihn freundlich.

„Was für ein herrlicher Tag, nicht wahr?"

Sie nahm einen langen Holzlöffel und rührte im Topf herum.

„Eine kleine Weile musst du dich noch gedulden, das Essen ist noch nicht ganz fertig. Du kannst dich aber gerne schon hinsetzen. Möchtest du ein Glas Wasser?"

Der kleine Buddha schaute sie verwundert an – er hatte doch noch gar nicht gefragt, ob er etwas zu trinken und zu essen haben könnte. Aber er ließ sich nicht zweimal bitten und nahm auf einer der Bänke Platz.

„Das ist wirklich sehr nett von dir", sagte er, „ich hoffe nur, ich störe nicht."

„Warum solltest du denn stören?", fragte die Frau erstaunt.

„Nun, weil es so aussieht, als erwartest du Gäste."

„Ja, das stimmt. Und du bist einer davon."

„Aber du wusstest doch gar nicht, dass ich komme."

„Nein, natürlich nicht. Ich weiß nie genau, wer kommt, und trotzdem bleibt der Tisch nie leer."

„Betreibst du hier ein Wirtshaus?", fragte der kleine Buddha vorsichtig. „Denn wenn das so ist, dann muss ich dir sagen, dass ich leider kein Geld habe."

Die Frau lachte herzhaft.

„Das brauchst du auch nicht. Ich verlange kein Geld für mein Essen; ich freue mich einfach, wenn es meinen Gästen gut schmeckt."

„Wer sind denn normalerweise deine Gäste?"

„Reisende, Arbeiter, Bettler – alle, die Hunger haben. Jeden Tag koche ich für sie, damit sie eine warme Mahlzeit zu essen haben."

Wieder rührte sie in dem großen Topf herum.

„Und warum tust du das?"

„Weil ich gerne koche. Und weil ich gerne teile, denn wenn ich teile, bin ich glücklich."

Der kleine Buddha sah sie bewundernd an. Wie schön es war, dass es solche Menschen gab. Allerdings verstand er nicht so recht, warum sie sich nicht für ihre Arbeit bezahlen ließ.

„Und du nimmst nie Geld für das Essen?"

Sie schüttelte den Kopf.

„Wie ist denn das möglich? Bist du reich?"

„Nein, aber mein Mann und ich haben einen kleinen Bauernhof und auf den Feldern wächst genügend, um anderen etwas abzugeben. Außerdem muss man nicht reich sein, um teilen zu können. Jeder kann das teilen, was er hat, egal, wie viel oder wenig es ist. Und weißt du was?"

Der kleine Buddha sah sie mit großen Augen an.

„Erst durch das Teilen wird man wirklich reich. Nicht reich an Geld, aber reich an Liebe."

Sie schenkten sich gegenseitig ein Lächeln und schwiegen für einen Moment.

„Hast du von der Geschichte der beiden Flötenspieler gehört?", fragte sie.

„Nein."

„Es ist eine meiner Lieblingsgeschichten, sie hat sich tatsächlich so zugetragen. Warte, ich muss noch etwas Holz aufs Feuer legen."

Die Köchin verschwand hinter dem Haus und kam kurz darauf mit einigen dicken Holzscheiten zurück und legte sie vorsichtig auf die Feuerstelle unter dem Topf. Dann setzte sie sich neben den kleinen Buddha an den Tisch und begann zu erzählen.

*Vor vielen Jahren lebten zwei Brüder, beide leidenschaftliche und begabte Flötenspieler. Sie wohnten am Rande einer großen Stadt und spielten jeden Tag viele Stunden auf ihren Instrumenten. Der Ältere der beiden übte besonders viel, oft bis spät in die Nacht hinein, denn er wollte der beste Flötenspieler im ganzen Land werden. Er spielte die Tonleitern unzählige Male hinauf und hinunter und studierte immer schwierigere Stücke ein. Nur selten verließ er das Haus.*

*Eines Tages beschloss der jüngere Bruder, in die Stadt zu gehen und auf der Straße zu spielen, um die wundervollen Klänge mit anderen zu teilen. Sein älterer Bruder rümpfte die Nase, als er davon hörte.*

*„Die einfachen Leute wissen unsere Musik doch überhaupt nicht zu schätzen. Ich sage dir, du vergeudest deine Zeit – bleibe lieber zu Hause und übe fleißig."*

*Der jüngere Bruder ließ sich jedoch nicht von seinem Vorhaben abbringen und begann, jeden Nachmittag auf dem großen Marktplatz seine Flöte zu spielen. Die Leute freuten sich über die Musik und schon bald wuchs die Zahl seiner Zuhörer. Und nicht nur das: Nach einigen Wochen gesellte sich ein Trommler zu ihm und bald darauf kamen auch noch ein Sitarspieler und eine Sängerin hinzu. Zusammen musizierten sie mit viel Eifer und Freude und bereicherten den Stadtalltag mit ihrer Kunst.*

*Unterdessen verbrachte der ältere Bruder weiterhin jeden Tag alleine in seinem Zimmer und übte wie ein Besessener, getrieben von dem Wunsch, irgendwann der Beste zu sein und berühmt zu werden.*

*So vergingen einige Monate. Dann stürmte eines Abends der jüngere Bruder ins Haus. „Der Bürgermeister hat uns heute besucht und uns eingeladen, nächste Woche beim großen Stadtfest aufzutreten!“*

*Der ältere Bruder schaute ihn ungläubig an.*

*„Meinst du das im Ernst?“*

*„Natürlich. Du kommst doch auch, oder?“*

*Bisher hatte sich der ältere Bruder kein einziges Mal bei den täglichen Auftritten blicken lassen. Er hielt es immer noch für die reinste Zeitverschwendung, auf der Straße zu spielen.*

*„Vielleicht“, sagte er gleichgültig und versuchte dabei, seinen aufkommenden Neid zu verbergen.*

*Der Tag des großen Auftrittes kam. Obwohl es ihn viel Überwindung kostete, mischte sich der ältere Bruder ebenfalls unter das Publikum. Er wurde Zeuge eines fantastischen Konzerts – jedes Lied sorgte für Gänsehaut und überall sah er strahlende Gesichter. Zum Schluss hörten die Menschen gar nicht mehr auf zu klatschen, so begeistert waren sie.*

*Während die Gruppe eine letzte Zugabe spielte, wurde dem älteren Bruder auf einmal klar, wie dumm er sich verhalten hatte. Immer nur alleine in seiner Kammer zu üben machte ihn vielleicht zu einem besseren Flötenspieler, aber es machte weder ihn selbst noch andere glücklich. Er erkannte, dass es sich mit der Musik wie mit der Liebe verhält: Sie ist zum Teilen da! Und nur wenn sie geteilt wird, kann sie wachsen.*

*Noch am selben Abend fragte er also seinen Bruder und die anderen Musiker, ob er auch bei ihnen mitspielen dürfe. Alle stimmten zu und von da an war er Teil der Gruppe und half mit, die wundervollen Klänge in die Welt hinauszutragen.*

Als die Köchin zu Ende erzählt hatte, erhob sie sich und kümmerte sich wieder um das Essen.

„Liebe braucht den Austausch", fuhr sie fort, während sie einige Gewürze in den Topf schüttete. „Sie funktioniert nur im Geben und Nehmen; sie blüht erst auf, wenn sie geteilt wird."

„Und was ist, wenn man niemanden zum Teilen hat?", fragte der kleine Buddha.

Die Köchin sah ihn verdutzt an.

„Also wenn man nicht gerade auf einer einsamen Insel lebt, dann ist das eigentlich unmöglich. Es gibt doch immer jemanden, mit dem man etwas teilen kann: Familie, Freunde, Nachbarn und Kollegen und natürlich auch die unzähligen Fremden, denen man ständig begegnet und die nur so lange fremd sind, bis man mit offenem Herzen auf sie zugeht."

„Aber es gibt doch bestimmt auch Leute, die nichts haben, was sie teilen können. Schließlich hat nicht jeder einen Garten und nicht jeder kann kochen so wie du."

„Das ist richtig, aber man kann ja auch etwas von sich selbst geben, etwas ganz Persönliches. Ein Lächeln zum Beispiel – glaube mir, manchmal kann das viel wertvoller sein als irgendwelche materiellen Dinge. Und das Allerwertvollste, das man teilen kann, ist ohnehin die eigene Zeit."

Während sie sich weiter unterhielten, trafen die anderen Gäste ein. Zuerst kam ein Händler, der auf der Durchreise war, und ein wenig später zwei Bettler aus dem nahegelegenen Dorf. Vervollständigt wurde die Gruppe schließlich von einer Frau und ihrem Kind, sie waren Freunde der Gastgeberin. Alle setzten sich an den Tisch und die Köchin servierte eine köstliche Mahlzeit, bestehend aus einer Gemüsesuppe, einem Reisgericht und frischem Brot, das sie am Morgen selbst gebacken hatte. Alle lobten sie in höchsten Tönen für ihre Kochkunst. Nach dem Essen blieben alle noch und tranken köstlichen Tee. Dabei erzählte der Händler lustige Geschichten von seinen Reisen. Es herrschte ausgelassene Stimmung und alle verstanden sich prächtig, fast so wie bei einem kleinen Familienfest. Als der Letzte seinen Tee ausgetrunken hatte, verabschiedeten sich alle und dankten der Köchin für ihre Großzügigkeit. Zum Schluss saß nur noch der kleine Buddha am Tisch.

„Das war wirklich ein großartiges Essen in wundervoller Gesellschaft. Ich verstehe jetzt, was du meinst, als du gesagt hast, dass dich Teilen glücklich macht."

Die alte Frau sah ihn mit leuchtenden Augen an.

„Für mich gibt es nichts Schöneres, als diese Momente des Beisammenseins. Keine Anstrengung ist zu groß, wenn sie mir hilft, Zeit mit alten und neuen Freunden verbringen zu können. Zusammen das Leben erleben, darum geht es doch. Gemeinsam lachen und weinen und tanzen und träumen."

Der kleine Buddha war tief berührt. Zwar war es für ihn auch wichtig, regelmäßig alleine zu sein, aber ganz gleich, wie wertvoll die Zeit in der Einsamkeit sein mochte – sie war kein Ersatz für die Freude, die er verspürte, wenn er besondere Momente mit seinen Mitmenschen teilte.

Er blieb noch eine Weile vor dem Haus sitzen, dann verabschiedete er sich ebenfalls. Mit langsamen Schritten wanderte er der untergehenden Sonne entgegen und dachte dabei über die Begegnung mit der Köchin nach. Durch ihr großzügiges Handeln ernährte sie nicht nur die hungrigen Bäuche, sondern auch die Herzen ihrer Gäste. Ohne es in Worte zu fassen, hatte sie ihm auf diese Weise gezeigt, worauf es wirklich ankam: Die Liebe ist nicht dafür da, dass man über sie nachdenkt und über sie spricht und schreibt – nein, sie muss gelebt werden!

# Ein unerwarteter Besuch

Zwei Tage später war der kleine Buddha wieder zu Hause. Eigentlich wäre er schon früher angekommen, doch er hatte es glatt geschafft, sich auf dem letzten Abschnitt seiner Reise zu verlaufen. Verwundert hatte er sich daraufhin gefragt, wie es sein konnte, dass er das ganze Land scheinbar besser kannte als die Gegend, in der er lebte.

Als er endlich wieder vor seinem großen alten Bodhi-Baum stand, hatte er vor Freude Tränen in den Augen. Er war froh und dankbar für alles, was er in der Ferne hatte erleben dürfen, aber mindestens genau so schön war der Moment des Heimkommens.

Schon bald nach seiner Ankunft bekam er Besuch von dem traurigen Mann, dessen verzweifelte Suche nach einer Frau der Grund gewesen war, warum der kleine Buddha überhaupt aufgebrochen war. Hoffnungsvoll setzte sich der Mann vor ihn.

„Und, was hast du über die Liebe gelernt?" Der kleine Buddha sah sein Gegenüber an und wusste gar nicht, wo er anfangen sollte.

„Kannst du mir jetzt endlich einen Ratschlag geben, wie ich am besten eine Frau finde?", drängte der Mann ungeduldig.

Erst nach einer ganzen Weile brach der kleine Buddha sein Schweigen.

„Ich glaube, mit der Liebe ist es wie mit dem Glück: Oft wird man erst fündig, wenn man nicht mehr sucht."

„Wie soll das denn gehen? Wie soll ich etwas finden, wenn ich nicht suche?"

„Indem du das Leben einfach geschehen lässt. Das Finden passiert dann irgendwann von ganz alleine."

„Aber ich kann doch nicht einfach nur herumsitzen, abwarten und nichts tun."

„Das habe ich ja auch nicht gesagt. Natürlich gilt es, die Augen weiterhin offen zu halten – aber ohne ständig zu erwarten, dass die nächste Frau, die du triffst, diejenige sein wird, die du heiratest. Träume zu haben ist wichtig, aber Erwartungen verursachen nur unnötigen Kummer. Denn wenn deine Erwartung, wenn dein sehnlicher Wunsch nicht erfüllt wird, dann bist du nachher enttäuscht und dann wird deine Verzweiflung nur noch größer."

„Heißt dass, ich soll keine Wünsche mehr haben?"

„Nein, du kannst ruhig Wünsche haben, aber lass dich nicht von ihnen überwältigen. Wenn du dir etwas wünschst und danach suchst, dann lebst du in Gedanken in der Zukunft und die Zukunft ist immer ungewiss und vor allem nie hier. Finden kannst du nur in der Gegenwart, deshalb ist es am besten, mehr Zeit im Jetzt zu verbringen."

Die Worte des kleinen Buddha leuchteten dem Mann ein, doch er hatte immer noch Angst davor, sein ganzes Leben alleine verbringen zu müssen.

„Und was ist, wenn ich in der Gegenwart auch keine Frau finde?"

„Du könntest es doch wenigstens versuchen, schließlich hast du nichts zu verlieren, oder? Außerdem warst du bisher sowieso nicht erfolgreich – vielleicht ist es also an der Zeit, etwas zu ändern. Und das Erste, was du machen könntest, ist, mit dem Suchen aufzuhören."

Nun war es der Mann, der schwieg. Wahrscheinlich musste er in der Tat etwas ändern, denn so, wie es war, konnte es nicht weitergehen. Glücklich war er jedenfalls nicht.

Während die Sonne immer höher stieg und mit ihrer unerschöpflichen Kraft das ganze Land erwärmte, begann der kleine Buddha, ausführlich von seiner Reise zu berichten. Er beschrieb seine Erlebnisse und die vielen verschiedenen Gesichter der Liebe, denen er begegnet war: der suchende Postbote und die Frau des Holzfällers, der eifersüchtige Schlossbesitzer, die fleißige Weberin und die dankbare Mutter, der stumme Imker, der einsame Mönch und natürlich auch die großzügige Köchin. Und er erzählte auch die wundervollen Geschichten, die er gehört hatte: vom besorgten Schüler, der nicht glauben konnte, dass sein Meister eine Frau über den Fluss getragen hatte, von der Königin, die die Verehrer ihrer Tochter zu den Bienen in den Wald geschickt hatte, und von den beiden Brüdern, die das Leben mit Musik füllten. Er sprach von weiten Feldern und hohen Bergen, von schmerzenden Füßen und heilenden Händen; von Angst und Vertrauen, von gebrochenen Herzen und bedingungsloser Liebe. Vom Loslassen, Teilen und Einswerden.

„Aber das Wichtigste, was ich gelernt habe", sagte er schließlich, „ist, dass du dich zuerst selbst voll und ganz akzeptieren musst. Du musst lernen, Frieden zu schließen mit der Person, die du bist, und dich selbst zu lieben. Denn wenn Liebe in deinem Inneren existiert, dann breitet sie sich wie ein Feuer aus und dann werden andere Menschen von deiner Liebe angezogen."

Der kleine Buddha hielt einen Moment inne.

„Es ist eigentlich ganz einfach: Liebe das Leben, dann wirst du glücklich sein."

Spätestens jetzt wich die letzte Spur von Traurigkeit aus dem Gesicht des Mannes.

„Wie recht du hast! Ich weiß gar nicht, wie ich dir für deine weisen Worte danken soll."

Bescheiden und fast ein wenig schüchtern sah ihn der kleine Buddha an. Dann sagte er ihm, was wohl jeder andere Buddha an seiner Stelle auch gesagt hätte:

„Bitte glaube nicht blind, was du von mir gehört hast. Mache deine eigenen Erfahrungen und finde die Wahrheit selbst heraus."

Kurz darauf war der kleine Buddha wieder alleine unter dem Bodhi-Baum. Er atmete einige Male tief ein und aus, dann schloss er die Augen und genoss die leichte Brise, die sanft über seine Haut wehte.

Während er friedlich da saß, vernahm er plötzlich Schritte, die sich langsam näherten. Bestimmt war das der

Mann von vorhin, dachte er. Vielleicht hatte er etwas vergessen oder wollte ihn noch etwas fragen. Doch als er die Augen öffnete, sah er zu seiner Überraschung eine junge Frau, die direkt vor ihm stand. Sie musste ungefähr in seinem Alter sein und sie trug das schönste Lächeln im Gesicht, das er je gesehen hatte.

Noch bevor sie das erste Wort miteinander sprachen, spürte er ein warmes, lebendiges Kribbeln in seinem Bauch. Es war stürmisch und zärtlich zugleich – ein unbeschreibliches Gefühl, das er noch nie zuvor erlebt hatte. Für einen Moment vergaß er alles um sich herum und wünschte sich, dass die Zeit stehen bleiben möge. Und dann wurde dem kleinen Buddha mit einem Mal klar, was gerade mit ihm geschah.

‚So fühlt sich das also an ... Kein Wunder, dass die Leute so verrückt danach sind, sich zu verlieben.'